T0153686

Per informazioni sulle opere pubblicate
e in programma rivolgersi a:

Edizioni Terra Santa
Via Giovanni Gherardini, 5 - 20145, Milano
Tel. +39 02 34592679
Fax + 39 02 31801980
http://www.edizioniterrasanta.it
e-mail: editrice@edizioniterrasanta.it

FRANCISCO J. CASTRO MIRAMONTES

VERSO SANTIAGO

Diario di un pellegrino

Traduzione dallo spagnolo
Alfonso Curatolo

edizioni terra santa

Progetto grafico: Elisabetta Ostini

Immagine di copertina:
© Léonnard Leroux

Finito di stampare nel maggio 2015
da CPZ S.p.A., Costa di Mezzate (Bg)
per conto di Fondazione Terra Santa
ISBN 978-88-6240-331-3

All'essere umano,
pellegrino della vita,
che fa della sua esistenza
un cammino seminato di pace,
amore e speranza.

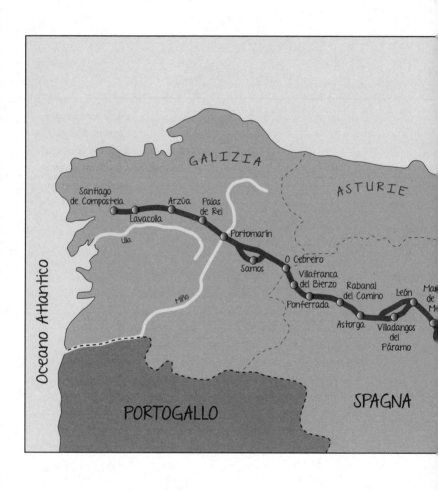

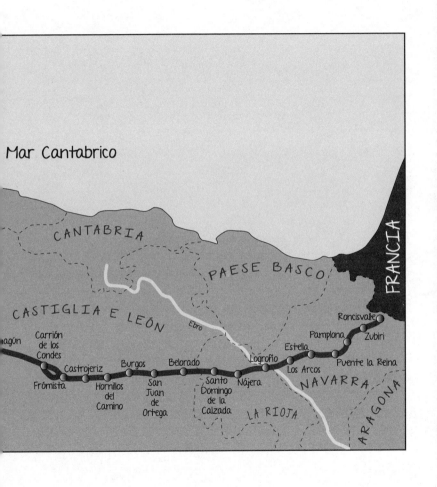

Mar Cantabrico

CANTABRIA

PAESE BASCO

FRANCIA

CASTIGLIA E LEÓN

Ebro

Roncisvalle

...agún Carrión
de los
Condes

Pamplona

Zubiri

Castrojeriz

Burgos

Belorado

Estella

Logroño

Los Arcos

Puente la Reina

Frómista

Hornillos
del
Camino

San
Juan
de
Ortega

Santo
Domingo
de la
Calzada

Nájera

NAVARRA

ARAGONA

LA RIOJA

INDICE

PREFAZIONE

La tradizione ci tramanda la nascita della città di Santiago de Compostela in modo poetico e quasi fiabesco, narrando che, mentre correva il secolo IX, un lampo luminoso in cielo, nel bel mezzo dell'oscurità della notte, avvisava un eremita chiamato Payo, tutto dedito alla contemplazione, del fatto che proprio in quel luogo, coperto dalla vegetazione, madre natura custodiva il sepolcro che, secondo una tradizione orale, conservava i resti mortali di uno dei discepoli più cari al Signore: Giacomo, figlio di Zebedeo, fratello di Giovanni.

Ben presto la città di Santiago de Compostela è divenuta un punto di riferimento importante per tutti i cristiani d'Europa e, di conseguenza, meta ambita di pellegrinaggi a piedi, fatti di lunghe marce, contatto con la natura, espiazione e fede, essenzialità, percorsi d'arte e ricerca dell'Invisibile. Questo cammino ancora oggi è percorso da più di duecentomila pellegrini ogni anno, sebbene meno della metà di questi sia spinta da motivi religiosi.

In un passaggio del capitolo quarto dei *Fioretti*, un testo del XIV secolo che costituisce una mirabile raccolta di episodi miracolosi ed esempi di devozione relativi alla vita di san Francesco d'Assisi, leggiamo: «Al principio e fondamento dell'Ordine, quando erano pochi frati e non erano ancora presi i luoghi, santo Francesco per sua divozione andò a santo Jacopo di Galizia, e menò seco alquanti frati, fra li quali fu l'uno frate Bernardo. [...] Essendo giunti là, e stando la notte in orazione nella chiesa di Santo Jacopo, fu da Dio rivelato a santo Francesco...». Questo fatto, che potrebbe essersi verificato tra il 1213 e il 1215, ci attesta come anche il Poverello d'Assisi abbia voluto farsi pellegrino *pietatis causa* nella terra che custodisce le spoglie mortali di san Giacomo.

Ai tempi di Francesco erano tre le mete di pellegrinaggio importanti all'interno della cristianità, definite allora le "tre promesse": Roma, la Terra Santa e Santiago de Compostela. L'Assisiate è dunque passato alla storia come il modello dell'uomo pio che si è fatto pellegrino verso queste tre importanti mete. E, in base a quanto afferma Dante Alighieri, possiamo dire che Francesco fu "romeo" nella Roma imperiale e papale, "palmario" a Gerusalemme (palmario, nel Medioevo, era sinonimo di pellegrino a Gerusalemme) e "pellegrino" alla tomba dell'apostolo Giacomo.

Molto probabilmente Francesco è passato da Villafranca del Bierzo, 20 km dopo la tappa di Ponferrada, nella chiesetta dedicata a san Giacomo, il cui magnifico portale settentrionale è ora chiamato *Puerta del Perdón* perché papa Callisto III, verso la metà del XV secolo, ha legato ad esso l'indulgenza plenaria per tutti i pellegrini che, malati o moribondi, non potevano continuare il loro percorso. Sul monte O Cebreiro, che rappresenta la porta d'ingresso della Galizia e si trova ad "appena" 150 km da Santiago, ancora oggi si trovano i frati minori francescani che, nella chiesa di Santa Maria la Real, accolgono quanti sono in cammino verso la tomba dell'Apostolo. E la presenza francescana a Santiago risale proprio al tempo dello stesso Francesco: è infatti attestato che i francescani vi si sono insediati nel 1222, grazie all'accoglienza del banchiere Pedro de Cotolay.

E proprio nello storico convento francescano di Santiago vive fra Francisco Javier, incaricato di animare la vita stessa della fraternità ivi presente. Lo stesso padre Paco, come ama farsi chiamare, anni fa si fece pellegrino verso la tomba di Giacomo, ripercorrendo il cammino compiuto anche dal fondatore dell'Ordine dei Frati Minori. È anche da questa sua esperienza personale che è nato il presente volume, frutto di costanza, determinazione, coraggio e intensità di fede.

Mi permetto di citare, in questa introduzione, un passaggio dell'epilogo, che ritengo di fondamentale importanza e significato: «L'essere umano aperto all'esistenza, pulsando al ritmo del grande cuore universale, spinto dall'anima del mondo, è un torrente in crescita che da ruscello diventa fiume, e poi sgorga nell'oceano immenso che chiamiamo Dio. È proprio dell'uomo camminare, uscire da sé, aprirsi alla trascendenza, avere il coraggio di rompere con la schiavitù per camminare libero verso un orizzonte di speranza». In queste parole possiamo trovare non solo il sunto di un'esperienza di pellegrinaggio, ma il senso stesso dell'intero cammino esistenziale di ogni persona. Con il cuore colmo di gratitudine nei confronti di fra Francisco, che nel corso di queste pagine ci regala l'opportunità di farci suoi intimi compagni di pellegrinaggio, lodo e rendo grazie all'*altissimo, onnipotente, bon Signore* che per amore ci ha creati, immettendoci nel fluire della vita, e che ogni giorno, per amore, ci dona l'energia e il desiderio di farci viandanti sul sentiero dell'esistenza per le strade mondo, con gli occhi rivolti al cuore di ogni uomo e alle stelle che sovrastano anche il Campo che custodisce le spoglie mortali dell'amato apostolo Giacomo.

Fr. Michael A. Perry, OFM
Ministro generale e servitore
Roma, marzo 2015

INTRODUZIONE

Questo è il diario di un pellegrino in marcia verso Santiago de Compostela, città cara e santa per la cristianità, situata ai confini del mondo antico nel Finisterre occidentale, patrimonio dell'umanità e delle culture che lì s'incontrano; secondo la tradizione, vi riposano le spoglie di san Giacomo Zebedeo detto il Maggiore, che fu tra gli apostoli più intimi di Gesù.

Forse penserete di essere all'inizio dell'ennesimo diario sul Cammino di Santiago, come se ne sono già visti tanti negli ultimi anni. Tuttavia, se andrete oltre una prima impressione, scoprirete che il pellegrino protagonista di queste trenta giornate, che sono altrettante meditazioni sulla vita, vive le ansie di pienezza, di ricerca della felicità, della vera pace, dell'amore e... di Dio che, prima o poi, sono proprie di ogni essere umano; e questo nonostante viviamo in un contesto culturale che sembra precludere a priori qualsiasi cosa abbia a che vedere col trascendente o con il senso religioso.

L'autore di questo libro, nativo di Compostela, è un giovane frate francescano di rara sensibilità, maestro di vita proprio perché la saggezza, la pace interiore e l'amore gratuito che riesce a donare e a diffondere affondano le loro radici nell'umiltà, nella speranza e nella fede, valori troppo spesso dimenticati o forse considerati oggi (in una società tanto competitiva e superficiale) segni di debolezza.

Chi umilmente scrive questa introduzione ha avuto la grazia di conoscerlo alla fine di uno dei suoi cammini e di ricevere la sua preziosa amicizia, per la quale, di cuore, gli sarà sempre grato.

Frate Francisco, Paco per gli amici, ha come maestro di vita una persona molto speciale: Gesù di Nazaret, esattamente come lo fu per il Santo di Assisi. E come ideale di vita il messaggio evangelico nella sua essenza. Questo diario ci fa capire come, credenti o non credenti, se l'umanità vivesse e conoscesse di più i valori evangelici, forse vivremmo in un mondo più giusto e solidale; ci fa capire che Gesù ha "rivoluzionato" il concetto di Dio e dell'amore nella storia dell'umanità.

Attingendo dalla sua esperienza personale come pellegrino e da storie di vita condivise, frate Paco, con il suo semplice e ardente spirito francescano, ci guida per il Cammino attraverso le memorie di questo pellegrino, che in fondo è un po' ciascuno di noi: io, tu che leggi, l'umanità che ci circonda. La peregrinazione a Compostela diventa una metafora della vita; la vita stessa infatti è un cammino dove ognuno ha il proprio ritmo, i propri ideali, i propri sogni da inseguire.

Camminare, anche e soprattutto interiormente, ci insegna a saper aprire il nostro cuore all'esperienza dell'incontro, della condivisione, dell'amore gratuito, dell'abbandono del superfluo che non dà la vera felicità; quella felicità che potremo incontrare nel momento in cui sapremo pacificare il nostro cuore e la nostra anima qualunque cosa ci succeda. Dobbiamo sempre camminare con la speranza al nostro fianco: essa può diventare la luce che ci guida nelle nostre notti, nell'attesa che giunga nuovamente l'aurora. Come è scritto in queste pagine, l'oscurità è solo una momentanea assenza di luce: dopo la notte, il sole tornerà sempre a sorgere e a illuminarci.

Il nostro viandante, con le sue riflessioni, ci fa comprendere attraverso le sue gioie, i suoi dubbi, le sue angosce, che la vita è sempre costellata di prove da superare; che per raggiungere quella pace interiore che, nonostante le avversità, può disporci a vedere l'esistenza da un'altra prospettiva, bisogna prima avere il coraggio di percorrere il cammino più lungo e difficile, quello che conduce alla profondità del nostro cuore, proprio là (come mi scrisse una volta Paco) dove abita la felicità: Dio stesso.

Bene, ora è tempo di leggere, non voglio stancarvi con troppe parole. Aggiungo solo un'osservazione: troverete più volte la parola "Umanità" scritta con l'iniziale maiuscola. Non credo sia una scelta casuale: l'Umanità (l'essere umano) è un'entità da rispettare e a cui dare il giusto valore; non è qualcosa di superficiale e lontano, come a volte sembra considerarla questa nostra società di consumo e d'apparenza che disumanizza e troppo spesso dimentica la dignità di ogni essere vivente.

Allora, buona lettura e... buon cammino.

Un pellegrino della vita
Alfonso Curatolo

C'È SEMPRE UN INIZIO

*D*urante la mia vita ho sempre sentito la necessità di approfondire il significato dell'esistenza, come un grande mistero che mi è stato consegnato senza un mittente, senza sapere da chi proviene. L'inquietudine del cuore e la mia ribellione intellettuale mi portano a cercare nuovi cammini, nuove esperienze che possano gettare un po' di luce sul mistero dell'essere uomo nella fragilità, ma al tempo stesso nella grandezza di un desiderio o di un'intuizione che ci porta ad aspirare sempre a una maggiore pienezza.

Non sono un avventuriero, sono solo un giovane che tenta di consolidare la fede nella vita, una vita che si muove sempre nel paradosso del giorno e della notte, del bene e del male, della gioia e della sofferenza. Per questo ho deciso di rimettermi in cammino, perché non è mai troppo tardi; del resto nella vita c'è sempre da imparare.

Da diversi anni leggo con entusiasmo tutto ciò che riguarda il Cammino di Santiago, un itinerario antichissimo che lungo i secoli è stato percorso da milioni di persone alla ricerca di un senso per la loro vita, o in fuga dalla fatalità di una vita senza meta. Queste letture hanno risvegliato la mia curiosità, soprattutto quando ho potuto accostarmi alle esperienze vissute sul Cammino da alcuni pellegrini della mia generazione.

Per questa stessa ragione, perché la vita condivisa è sempre un motivo di speranza, ho deciso anch'io di farmi per alcuni giorni pellegrino alla ricerca di un senso che vada oltre i bagliori del mondo moderno, forse fuggendo da qualcosa, ancora non lo so, però in ricerca, sempre in ricerca: della libertà, della felicità, di risposte, forse di me stesso. Ciò che è certo è che sono qui, in cammino verso una meta, senza sapere molto bene dove vado, chi incontrerò, o che senso abbia camminare per circa 800 chilometri per dirigersi in un luogo nel Finisterre occidentale che fece rabbrividire le legioni romane nella loro espansione imperiale.

L'essere umano si dibatte in una lotta per trovare un senso, la pietra filosofale che ci conceda la saggezza di fronte al pericolo di soccombere sotto il nostro stesso, il peso della frustrazione, o sotto il peso di questa società dei consumi, così superficiale e tentatrice. Il dubbio esistenziale è connaturato all'essere umano, ma lo è anche il godere dell'esistenza come un autentico tesoro. Lo dico apertamente: voglio sperimentare ciò che significa vivere, senza false apparenze né maschere, senza imposizioni né schiavitù. Voglio sentire la libertà del vento e la serenità della campagna. Oltre a un puro e semplice "naturalismo", a spingermi è però una forza o energia interiore che voglio riuscire a decifrare. L'essere umano è più di quello che si vede, o che sembra essere. La disperazione non è propria della condizione umana, perché c'è sempre un nuovo inizio, un'opportunità di maturare e gettare luce su questa incognita d'essere uomini. Oggi contemplo l'orizzonte e vedo un cammino, e alla fine del cammino una meta, e sopra la meta un cielo immenso.

Ho già iniziato a camminare con un desiderio, con i miei sogni, con la speranza. Questo è il mio diario: il diario di un pellegrino, un pezzo della mia piccola esistenza nel grande mistero dell'universo che ci comprende e abbraccia. Le parole, però, non sono che un semplice tentativo di prendere tra le mani un oceano immenso. Un cuore in silenzio, invece, quello sì è capace di accogliere in se stesso l'universo intero, la pace e l'amore. C'è sempre un inizio…

ALLA RICERCA DELLA FELICITÀ

da Roncisvalle a Zubiri (20 km)

«*Nessuno può arrestarsi nel suo cammino perché la vita ci spinge da dentro*» (Carlo Maria Martini)

Albeggia sulla valle. La tenue luce di un nuovo giorno accarezza le mie palpebre che sono come trafitte e sorprese tra le braccia del sonno. Nell'*albergue* cominciano a sentirsi gli sbadigli e i rumori delle persone con le quali ho condiviso il tetto in questa notte, durante la quale il nervosismo non mi ha concesso tregua. Oggi inizio il mio cammino, la mia peregrinazione verso la terra di Santiago, nel Finisterre. E mi sento come un bambino al suo primo giorno di scuola. Questa sensazione, che provai già molti anni fa e che conservavo nel profondo della mia memoria, oggi si è ridestata insieme agli altri allievi di questa scuola di vita che è il Cammino di Santiago: cominciano a preparare lo zaino per questa giornata che ci convoca tutti e ci fa sentire (per lo meno nel mio caso) un'emozione speciale, una specie di inquietudine del cuore che non avevo mai avvertito prima.

Arrivo qui ferito dalla vita, sconfitto da un modo di intendere l'esistenza che mi ha portato soddisfazioni ma che non riesce a colmare la mia ansia di pienezza. Indietro restano i miei capricci amorosi, le mie lotte in ambito accademico e lavorativo così orientate alla competitività, i miei eccessi. Sono figlio di una società e di una cultura nella quale l'edonismo inalbera la sua bandiera reclutando seguaci che si lasciano guidare da un infelice "approfitta del momento", molto diverso da quel *carpe diem* che appariva sul frontone del tempio greco di Delfi. Nemmeno la filosofia, che tanto studiai, soddisfa questo grande anelito che mi tormenta dentro. Così il Cammino si trasforma per me in una sfida, in un'ascesi, nella continuazione di una ricerca che non so dove mi condurrà. Per il momento, a una città che conosco solo per sentito dire e attraverso alcune fotografie.

Riemerso dal fondo del mio sacco a pelo, mi alzo e mi guardo intorno. Diversi pellegrini si stanno affrettando per mettersi in cammino. Incrocio lo sguardo del pellegrino che ha dormito sopra di me nel mio letto a castello. Mi sorride e mi saluta con un «buongiorno» che rivela una provenienza al di là dei Pirenei. Semplicemente, mi tende la mano: mi dice di chiamarsi Rufino e di essere arrivato a piedi dalla sua città natale, Assisi, in Italia. Subito prende il suo zaino e si accomiata da tutti gli altri pellegrini con un «pace e bene» che mi suona strano: non l'avevo mai udito prima. Questo mi fa comprendere che il Cammino è un mondo a sé, uno spazio in qualche modo magico che rende possibile una comunicazione semplice e sincera, che certo non abbonda nella grande città da cui provengo. La massificazione disumanizza e, in un certo senso, tende a fare di noi degli esseri avviliti e scoraggiati, avidi solo di portare a compimento i nostri progetti e interessi personali.

Un frutto che mi sono portato da casa mi fa da colazione. E poi via, senza indugio mi avvicino alla Collegiata di Roncisvalle. Uscendo dall'*albergue*, mi imbatto in un pellegrino dall'aspetto germanico che mi rivolge esultante di gioia parole che io non comprendo, ma che mi accompagneranno lungo il tragitto come un ritornello continuo: «Herru Santiagu! Got Santiagu! Deus adiuva nos!». Tutto mi risulta meravigliosamente strano. Nei Pirenei navarri, in alta montagna, tutto ha un'aria distinta, la natura stessa è rivestita da un alone di magia e semplicità. Si può quasi palpare il mistero.

Nel complesso della Collegiata, in una chiesa spaziosa nella quale le vetrate dell'abside ti avvolgono invitandoti a entrare, osservo un gruppo di pellegrini intorno a un uomo vestito di bianco. Titubante, mi avvicino e mi aggiungo al gruppo. Si tratta di un sacerdote che rivolge alcune parole ai pellegrini, parla del Cammino e della fede, dell'essenzialità di cercare nel cuore ciò che non troviamo al di fuori. Alla fine alza le mani e ci benedice con una preghiera che poi un pellegrino mi consegna su un foglio. Si tratta di una benedizione conosciuta come "benedizione del pellegrino" che, da quanto ho visto, già da tempo immemorabile si impartisce ai pellegrini che transitano da qui diretti a Compostela:

Signore Gesù Cristo, che portasti fuori il tuo servo Abramo dalla città di Ur dei Caldei, proteggendolo in tutte le sue peregrinazioni, e che fosti la guida del popolo ebreo attraverso il deserto, ti chiediamo che ti degni di benedire questi tuoi figli che per amore del tuo nome peregrinano a Compostela. Sii per loro compagno nella marcia, guida nelle difficoltà, albergo nel cammino, ombra nel calore, luce nell'oscurità, conforto nei loro scoraggiamenti e fermezza nei loro propositi, affinché con la tua guida giungano sani e salvi al termine del proprio cammino e arricchiti di grazia e di virtù tornino illesi alle loro case colmati di salutari virtù.
Per Gesù Cristo, nostro Signore.

Non finisco di sorprendermi: un uomo scosso dai dubbi ma diffidente verso tutto ciò che ha a che vedere con il religioso, come sono io, si è lasciato sedurre da queste parole. Sì, decisamente questo cammino si preannuncia quanto meno come un'esperienza ricca di novità. Prima di partire, ansioso di camminare, sostengo lo sguardo di una scultura in legno di cedro del XIV secolo che rappresenta Santa Maria la Reale. Inevitabilmente penso a mia madre, e a tutto ciò che ha fatto di lei una buona madre per i suoi figli. Non so perché. È la prima volta che un'immagine religiosa arriva al mio cuore e apre una finestra sulla mia vita familiare.

Il giorno comincia a spuntare; il sole del mattino mi avvisa che, malgrado la frescura che scende dalla montagna, la giornata sarà calda. In mezzo a un faggeto, nella valle, improvviso un bastone affinché mi aiuti nel cammino, un cammino che inizio ora tra dubbi e aspettative. Non so essere più preciso. In questi momenti non penso, mi lascio trasportare dalle gambe che per alcune settimane saranno le mie migliori alleate. Uscendo da Roncisvalle, da una croce in pietra al lato del cammino prende vita un nuovo messaggio, le pietre cominciano a parlare, e io devo ascoltare.

Mi addentro a poco a poco in un ambiente selvaggio nel quale la forza di volontà invita a continuare in cerca di qualcuno con cui poter scambiare una parola. Non capisco, comprendere la loquacità del silenzio mi costa, questo silenzio inquietante che da alcuni chilometri mi accompagna persistente. Eppure so che esso sta diventando il testimone di alcuni dei miei naufragi, delle mie stanchezze, dei miei dubbi. Per questo comincio a sondarlo, tentando di abituarmici. Ho sentito dire che il silenzio è la voce della vita che ci chiama alla felicità. Ieri sera, nell'*albergue*, quando mi hanno timbrato per la prima volta la credenziale, ho potuto leggere una scritta nel registro dei pellegrini che mi ha fatto pensare: «Il silenzio è l'eco della tua anima che cerca la felicità…». Ho preso nota in un quaderno. Qualcosa mi dice che finirò per capire questa massima.

A mezzogiorno, abbattuto dal dolore ai piedi e dal peso dello zaino, mi riposo e mi rifocillo vicino a una fonte. Un po' di frutta e alcuni istanti all'ombra di un rovere sono il mio primo balsamo. Poco dopo, ecco passare un pellegrino. Si avvicina e mi saluta. È Rufino, il pellegrino italiano che ho conosciuto stamattina all'*albergue*. Sorride, mi domanda come va. Gli offro un frutto, lo accetta con gratitudine, ma continua il suo cammino congedandosi con un «arrivederci». Continuo a stupirmi: non ho fatto in tempo a iniziare la giornata che già ho avuto l'occasione di scambiare brevi parole, sorrisi e sguardi con diversi sconosciuti, specialmente con questo pellegrino italiano che porta già sulle spalle il peso di migliaia di chilometri. Il linguaggio del cammino si costruisce su dettagli semplici ma profondamente significativi.

L'inquietudine di poco fa svanisce poco a poco in un lieve mormorio che acquieta la sua eco. Non penso già più: sento, percepisco, sperimento. Il cammino lo sto già compiendo dentro di me mentre muovo i miei passi. Uscire da se stessi, osare uscire dalle proprie comodità è un rischio, un'avventura; al tempo stesso, però, si finisce col capire senza bisogno di parole le realtà che ci circondano. Arrivo all'*albergue* dove farò sosta e mi riposerò. Mi fanno male i piedi e la schiena, mi fa male la vita, mi sento abbattuto, ma allo stesso tempo percepisco nel più profondo del mio essere una sensazione nuova. Ancora non comprendo del tutto perché sono qui, però, malgrado i dolori, mi sento bene, molto bene, sorprendentemente bene. Sto camminando, sono già un pellegrino, ci sto riuscendo.

La notte stellata è un manto che mi invita ad abbandonarmi al sonno più profondo. Domani nascerà un nuovo giorno e con esso, sempre che il destino non mi giudichi indegno, rinascerò anche io, come sono, questo nuovo pellegrino della vita in cerca di felicità, la dama che tanto ci resiste, che a volte sembra giocare a nascondino mentre la crudeltà ci uccide da dentro. Una cena frugale, una passeggiata per la campagna aspirando l'aria fresca, e la speranza che il domani mi offra un camminare ricolmo di nuove sensazioni positive: «… La tua anima cerca la felicità». Con questo pensiero do il benvenuto al sonno, che anch'esso, a suo modo, cerca la felicità.

LA VITA NELLA SUA ESSENZA

«Bisogna sudare nel compimento dei nostri compiti e delle opere buone per poi poter riposare nella pace della nostra coscienza»
(Elredo de Rielvaux)

*O*ggi ho camminato molto scoraggiato. I dolori del corpo si sono acutizzati fino al punto di pensare che forse tutto questo non fa per me. Poco a poco il mio pensiero s'è andato restringendo fino a un orizzonte che è solo negatività. Ma questa stessa sensazione l'ho avuta in altri momenti della mia vita, quando le cose non mi sono riuscite come speravo. È stato difficile, molto difficile, il mio camminare di oggi. E come se non bastasse ho dovuto sopportare la più grande delle solitudini, visto che lungo la tappa non ho incontrato praticamente nessuno. Il cammino è duro, molto duro. La vita è dura, davvero dura. Eppure da nessuna parte sta scritto che anche così non possiamo essere felici.

Nel mio incedere stanco ho provato istanti di impotenza e di ribellione. La prova mi ha segnato. A un certo punto sono crollato sotto un albero, cercando la carezza della sua ombra in una giornata in cui persino il sole mi risultava ostile, senza misericordia. La stanchezza mi ha vinto e a mezzogiorno ho ceduto. Subito un torpore mi ha avvolto e mi sono addormentato profondamente. È stato un momento di pace intensa. L'organismo aveva bisogno del suo tempo per recuperare le forze. Nel giro di pochi minuti sono tornato in me grazie a un canticchiare dolce e avvolgente. Poco a poco ho cominciato a reagire e a riprendere coscienza. Su un ramo dell'albero che mi offriva la sua ombra e mi serviva da giaciglio improvvisato, un uccellino cantava senza imbarazzo. Devo riconoscere che mi sono emozionato: mi è sembrato un suono angelico, un invito a risvegliarmi, a riprendere la rotta della mia vita, a elevare il migliore dei miei canti. Non posso definire quale sublime sensazione abbia percorso il mio essere, forse qualcosa di simile alla gioia, una gioia di pace. La natura è saggia, e quell'uccellino provvidenziale è stato il miglior compagno di cammino.

Ho concluso la mia giornata a metà pomeriggio. In un piccolo ostello ho deciso di fermarmi per la notte. Ne avevo bisogno. In questi momenti un tetto sulla testa, una doccia e un materasso sono la miglior medicina. Qui ho conosciuto Aurora, una *hospitalera* che è stata pellegrina e che adesso dedica il tempo delle sue vacanze a occuparsi degli altri viandanti. Mi ha sorriso, e quel sorriso mi ha aiutato a ritrovare il mio, dopo aver lottato duramente contro un sole asfissiante. Mi ha curato le ferite ai piedi, con una delicatezza tale da lasciarmi impressionato. Scherzando, mi ha raccontato del Cammino, della sua esperienza come pellegrina e come *hospitalera*: il cammino l'ha trasformata a tal punto da darle l'impressione di essere rinata, di essere risorta dalle proprie ceneri come l'Araba Fenice.

Aurora ha avuto un'infanzia molto dura, con anche problemi di droga. Alcune questioni in sospeso con la giustizia la spinsero a rendersi conto che si stava rovinando la vita. Un giorno, quasi per caso, facendo zapping si imbatté in un documentario sul Cammino di Santiago. Fu come se una luce si fosse accesa nella sua oscurità, come se una voce la invitasse a fare il Cammino. Non ebbe alcun dubbio: preparò uno zaino con qualche vestito e un sacco a pelo, e andò in autostop fino a Burgos per iniziare da lì il suo pellegrinaggio. L'esperienza risultò così intensa che Aurora ruppe le catene della sua schiavitù. Mi ha raccontato anche che lei in realtà non si chiamava Aurora finché non arrivò a Santiago. Nella stessa cattedrale, in una cappellina conosciuta come "La Corticela", chiese di essere battezzata, e si impose il nome di Aurora come a significare che l'alba di un nuovo giorno aveva vinto la sua oscurità. Il suo racconto ha fatto sì che mi dimenticassi per alcuni istanti dei miei dolori e che tutta la mia attenzione si concentrasse su questa donna sorridente che trasmette pace e speranza.

Il Cammino, come la vita stessa, ti sorprende. Il canto di un uccello, l'ombra di un albero, l'amicizia di una persona e alcuni istanti di conversazione possono aprire nel cuore delle persone un mondo di sensazioni. Adesso che scende la notte non posso che sentirmi un privilegiato, un uomo che ha bisogno di ringraziare la vita stessa, sempre traboccante. La gratuità mi è stata offerta in forma di canto e di sorriso in questo giorno infelice, che ricorderò sicuramente come uno dei più importanti della mia storia personale. In qualche modo anch'io ho vissuto oggi una specie di aurora, di risveglio della coscienza e della volontà di andare avanti, sempre avanti, sempre camminando con la speranza come orizzonte.

Ho letto alcune pagine del registro dove i pellegrini che alloggiano all'*albergue* lasciano i loro pensieri, le loro illusioni e frustrazioni, e non finisco di sorprendermi della profondità di alcune persone. Una pellegrina galiziana di nome Teresa, che è passata di qui appena una settimana fa, ha lasciato un testo che non posso che trascrivere nel mio taccuino: «La pace è la conseguenza dell'amore, un amore solidale che tende sempre a procurare il bene degli altri. Solo l'amore renderà possibile la pace. E l'amore più grande abita nel tuo cuore». Esco fuori, nella campagna, cercando la brezza della notte e lì, ancora una volta affascinato dallo scintillio delle stelle, medito su quelle parole: «L'amore più grande abita nel tuo cuore». E per un istante mi invade un sentimento improvviso di pace e di armonia con tutto il creato.

Dicono che il Cammino di Santiago è scritto nel cielo, che è il "Cammino delle stelle". Secondo quanto ho potuto leggere in qualche guida, i pellegrini medievali camminavano di notte seguendo la traccia delle stelle, evitando così le ore più calde. Sapevano che si dirigevano verso occidente, per cui si limitavano a camminare in direzione del ponente peninsulare, seguendo nella notte la traccia di quel fascio di stelle conosciuto come "Via Lattea". Una volta, durante una conferenza, ascoltai un individuo che, dissertando sull'utopia, la paragonava alle stelle stesse, che non si possono toccare con mano ma possono guidarci nella notte. In un certo senso questo succede anche con le nostre speranze: forse non le realizziamo immediatamente però ci guidano nella notte delle nostre vite, nelle nostre notti personali. Ora penso ai seguaci della notte, a tutte quelle persone, me compreso, che cercano nell'oscurità il bagliore di sensazioni forti. E a loro auguro la luce, l'aurora, il canto di un uccellino e l'ombra di un albero. Ma ormai è tardi, devo riposare; già dentro il sacco a pelo, ricordo Aurora e l'uccellino canterino. E subito mi torna alla mente una frase: «L'amore più grande abita nel tuo cuore». L'amore è la vita nella sua essenza.

L'AVVENTURA DI ESISTERE

da Pamplona a Puente la Reina (21 km)

«La vita, per chi ha orecchie per udire, è una sinfonia; però è rarissimo l'essere umano che ascolta la musica» (Anthony de Mello)

Ricordo che da bambino ero solito rifugiarmi nella soffitta di casa a leggere libri d'avventura. Da lì, guardando il cielo attraverso il lucernario, sognavo di essere il protagonista di non so quante imprese assurde. Poi, crescendo e dovendo confrontarmi con nuove sfide, la vita legò come un peso ai piedi dei miei sogni per non lasciarmi volare libero, del tutto libero (per lo meno con l'immaginazione), come le colombe del parco dove mi portava mia madre. I pensieri di oggi mi hanno ringiovanito, in un certo senso sono ritornato per qualche istante alla mia infanzia. E questo Cammino è l'avventura sognata allora, un cammino magico che sta riuscendo a imprimere nel mio essere un'impronta incancellabile. Intuisco che non sono solo, che questo cammino, il mio cammino, è popolato di persone, esseri meravigliosi che vegliano sulla mia anima. Ricordo oggi i miei genitori e i miei fratelli. Il volto di mia madre quando le dissi che sarei partito per un mese, e avrei camminato errante come un pellegrino. E la sua espressione mi risultò simpatica e al tempo stesso sincera: «Figlio, tu sei matto!».

Mi vengono in mente gli amici, gli amori della mia vita, dell'infanzia e della gioventù; alcuni di loro mi hanno lasciato il cuore pieno d'amore, altri di amarezza, la vita è così. Ricordo anche i miei nonni e gli amici che continuano a vivere nella memoria di noi che li abbiamo conosciuti. Continuo a essere convinto che non siano morti, qualcosa mi dice che la vita, una volta iniziata, non si conclude mai del tutto. Oggi ho pensato a tutti voi e sento che siete qui, vicino a me, più che mai, addirittura in pellegrinaggio con me, insieme a me, in me.

Nel cammino, però, ci sono altre presenze che lo sono anche se ne manca la memoria. Si tratta di tutte quelle persone che in qualche modo sono presenti fisicamente lungo la via. Ricordo il sacerdote di Roncisvalle, quel pellegrino italiano, Rufino, del quale non ho saputo più niente. E anche, certamente, il mio angelo custode, Aurora. E, ovviamente, il contadino che mi ha offerto dell'acqua quando la sete mi tormentava, gli uccelli che mi hanno rapito con i loro gorgheggi, i bei campi, vera delizia alla vista, e gli alberi dall'ombra attraente nelle ore di maggior calore. Il cammino è una via animata, piena di vita, colma di presenze che lasciano la loro impronta nel pellegrino che cammina alla ricerca di nuovi sentieri. Oggi mi definisco così: sono un cercatore di senso.

Aprirsi di cuore alle novità arricchisce sempre. Durante questi primi giorni ho imparato a spogliarmi di tutto ciò che mi pesa, nello zaino e nel cuore. Basta camminare, senz'altra pretesa che quella di avanzare poco a poco, passo dopo passo, senza lasciarsi abbattere dai dolori (che già sono di meno, il corpo si sta adattando), dalle paure (sempre schiavizzanti), dai pregiudizi che ci allontanano dalla realtà, dai dubbi che ci impediscono di vedere con chiarezza la verità. Ma per ottenere ciò bisogna fare un cammino interiore di libertà, libertà che si produce disfacendosi di tutte le negatività che hanno attecchito in noi durante il nostro passaggio sui sentieri della vita.

Su uno dei cippi che indicano la distanza da Santiago, ho trovato una nota scritta da una pellegrina di nome Noemì. Chissà che non fosse stata scritta per me, o per tutti i pellegrini a cui capita di passare di lì. Sotto una pietra a mo' di fermacarte ho letto ciò che adesso trascrivo parola per parola: «Il Cammino è un maestro che mi aiuta a ritrovarmi con me stessa e con gli altri. Oggi ho ascoltato per la prima volta il palpito del cuore che mi dà vita, ed è stato affascinante. Ho anche tastato il polso dell'intera creazione e ho compreso che sono circondata di vita, grande e piccola, visibile e non. E percepisco che c'è un cuore universale che batte e ci fa battere al suo tempo. Prima non credevo, non volevo credere, oggi mi scopro credente perché ho ascoltato palpitare il mio cuore».

Anch'io sto ascoltando palpitare il mio cuore come mai l'avevo percepito prima. Anch'io sono in grado di riconoscere e distinguere il canto degli uccelli e pacificarmi al mormorio di un ruscello dalle acque cristalline che discende umilmente dalla montagna. Ho rigenerato la vista nel fruscio delle foglie degli alberi accarezzate dalla brezza vespertina. Oggi mi sento vivo, vivo come mai mi ero sentito prima. Mi sento circondato di vita, sono vita, sono tornato a vivere dopo molti anni sprecati a inseguire ideali che finora mi hanno solo deluso. Sentirsi vivo, veramente, coscientemente, è una sensazione davvero piacevole.

Sono arrivato all'*albergue* pervaso da una specie di gioia contenuta, e quasi sono trasecolato nel vedere un'iscrizione che recitava: «Bisogna nascere di nuovo», e tra parentesi: «Gesù di Nazaret». Suppongo sia Gesù Cristo, del quale ho sentito parlare da bambino a catechismo, giusto prima di ricevere la prima comunione. Sono passati già tanti anni, e da allora non avevo più sentito parlare di lui, né tra gli amici, né all'università, né al lavoro, nemmeno in famiglia, sebbene mia madre sia una donna molto religiosa. Qui, sul Cammino, in qualche modo sono tornato a rinascere. Continuo a cercare tenacemente la fonte della felicità. Continuo a cercare…

Sono a Puente la Reina dove, secondo la tradizione, "tutti i cammini diventano uno". Ho condiviso una cena frugale con un gruppo di pellegrini. Due belgi, un austriaco, un brasiliano, una coppia di sposi francesi e tre ragazze svizzere. Il mio scarso inglese non è andato più in là di un saluto. Tuttavia, anche parlando appena, abbiamo dialogato con i gesti e i segni. Abbiamo improvvisato una cena con quello che avevamo. Il sorriso ci ha aiutato a digerire il pane, le conserve, l'acqua e la frutta. Il banchetto della solidarietà era servito.

Alla fine della giornata, mi tornano in mente alcune parole: «Esiste un cuore universale». Siamo circondati di vita, io stesso sono vita, oggi l'ho sperimentato, anche se non so bene come spiegarlo. Oggi sono tornato a rinascere: sto sentendo nel profondo del mio essere l'avventura di esistere.

IL MAGAZZINO DELLA PACE

da Puente la Reina a Estella (19 km)

«Se vogliamo un mondo di pace e di giustizia bisogna decisamente porre l'intelligenza al servizio dell'amore» (Antoine de Saint-Exupéry)

*L*a vita è una scatola a sorpresa che ogni tanto si scoperchia per offrirci la sua fragranza, per farci bere un sorso a volte dolce e delizioso, altre volte amaro. Oggi mi è comparso un forte dolore alla gamba. Sospetto che sia una tendinite. Per questo ho dovuto rallentare il passo, arrivando a destinazione molto più tardi del previsto. Anche così, nel dolore, mi rendo conto, continuo a rendermi conto che la vita non è sempre nelle nostre mani, per questo dobbiamo imparare ad amarla senza pretendere di afferrarla. La bellezza di una colomba sta nel fatto che è capace di spiccare il volo e planare sul mare dei venti. Provate a catturare e a ingabbiare una colomba: ucciderete il suo incanto.

Sul finire del pomeriggio, non ho più potuto proseguire. La gamba intorpidita dal dolore reclamava riposo. Mi sono seduto nei pressi di una fonte d'acqua fresca e scrosciante. Al mormorio dell'acqua mi sono rilassato, cercando di rasserenare lo spirito. Davanti ai miei occhi si distendeva un vasto campo; in lontananza, alcune mucche pascolavano tranquillamente. Non so perché, ma la semplice visione di questo paesaggio mi ha fatto provare un senso di pace, dopo le tensioni accumulate in chilometri di cammino. Lì mi sono venute in mente tutte le persone, conosciute o no, che pure soffrono, di più, molto di più di ciò che un dolore muscolare può provocare. L'essere umano è esperto in sofferenze. È come se la sofferenza fosse un regalo che ci viene fatto nel momento stesso in cui veniamo al mondo, venendo a contatto con la realtà. Non mi abituo, non mi abituerò mai a questa situazione di abbattimento psicologico che si accompagna al dolore, o al disinganno, o alla disperazione.

Dopo alcuni istanti ho intravisto in lontananza la sagoma di una viandante che camminava con passo affrettato. Piano piano si avvicinava allo spazio sacro della mia fonte e del mio campo, situato al margine stesso del cammino. Presto è arrivata alla mia altezza, mi ha salutato, si è tolta lo zaino dalle spalle e si è apprestata a bere, non appena le ho detto che l'acqua era fresca. Si è seduta poi un momento al mio fianco e anche lei ha notato che all'orizzonte il tramonto stava inondando di una tenue sfumatura dorata quel campo, dove alcune mucche esaurivano la loro fatica quotidiana. «Sembra la Galizia», ha affermato con degli occhi che a momenti si illuminavano. Mi ha detto di chiamarsi Anxos e di essere originaria della costa galiziana. Il suo accento dolce lo rivelava. Ha iniziato il suo pellegrinaggio a Roncisvalle, cominciando così ad adempiere una promessa fatta anni fa a san Giacomo Apostolo, una promessa che non ha voluto rivelare perché «è una cosa tra lei e il santo».

La conversazione ci ha portato a parlare del cammino e di come questo ti vada segnando da dentro. Eravamo d'accordo sul fatto che, malgrado giunga a risultare molto duro e finanche doloroso, è una scuola nella quale si apprende a valutare la vita in maniera diversa, meno superficiale e più profonda, e con gratitudine. Il dialogo si è poi spostato, concludendosi, sul tema della pace, su come questa Umanità sembri folle, persa a postulare la violenza come risoluzione di molti problemi. Anxos ha detto di aver capito che il cammino della salvezza dell'Umanità passa per la pace, per la riconciliazione, però non senza prima passare per la giustizia. Mi ha raccontato allora una storiella che sembra le abbia insegnato sua nonna anni fa, quando era bambina, vicino a una *lareira*, il luogo nelle case di campagna – mi ha spiegato – dove si accende il fuoco, per cucinare e riscaldarsi. Nelle notti d'inverno, quando la pioggia e il freddo non invitavano a uscire, la nonna riuniva i suoi nipoti e soleva raccontar loro storie di fate e di esseri fantastici.

Anxos, amichevolmente, ha condiviso con me uno di quei "racconti della nonna" che hanno più sostanza di quanto a prima vista possa sembrare: «Accadde una volta che un uomo ricco andò a dormire. In sogno vide se stesso soddisfatto per tutto il potere che era riuscito ad accumulare a forza di lotte e intrighi. Fu allora che, passeggiando per le sue terre, gli venne incontro un angelo dal volto sereno e felice. L'uomo ricco, vedendolo, gli domandò: "Chi sei tu e cosa fai nelle mie terre?". L'angelo sorrise e gli disse a sua volta: "Contemplo la tua miseria e celebro la mia felicità". L'uomo, un po' indignato, continuò a interrogarlo affinché gli spiegasse il significato di quelle parole. Quindi l'angelo gli disse: "Ti credi molto potente perché hai molte cose, però ti manca la più importante". L'uomo, ferito nel suo orgoglio, lo affrontò di nuovo esigendo un chiarimento. "Sì – disse l'angelo – hai tante cose materiali da essere invidiato da molti, però ti manca una cosa: ti manca la pace". Allora l'uomo ricco si rese conto che effettivamente i suoi molti beni, il suo potere, la sua influenza, non gli avevano portato nemmeno un pizzico di pace, poiché i suoi affari gli avevano rubato il cuore.

Fu allora che quell'uomo pretese che l'angelo gli desse un po' di pace, anche a peso d'oro: era disposto a pagare qualsiasi somma fosse necessaria. Ma l'angelo sorrideva, dando a intendere che la pace non si può comprare. Quindi disse all'uomo cosa fare: "Dedicati per quel che resta del giorno a raccogliere i raggi del sole di oggi: lì sta la pace". L'uomo immediatamente fece venire i suoi sudditi affinché si mettessero a strappare al giorno la sua luce, conservandola in un grande magazzino di sua proprietà. Così fu: si impegnarono tutto il giorno a immagazzinare i raggi del sole per far sì che quell'uomo fosse ricco non solo di beni materiali, ma anche di pace. Arrivò la notte e l'uomo con urgenza ordinò di chiudere il portone del magazzino perché la luce era ormai svanita. Dopo aver sospirato, stanco e soddisfatto, entrò nel suo magazzino e poté constatare che là dentro l'oscurità era ancora più profonda che all'esterno. Si sentì disperato e reagì con violenza, rivolgendosi verso l'angelo che lo aveva ingannato dicendogli che la pace si trovava nella luce del sole. Ma l'angelo era sparito.

Abbattuto, l'uomo camminò senza meta finché arrivò sulla cima di un monticello dal quale si scorgeva l'immensità del mare. Non riusciva a comprendere. Era vero, aveva molti beni e grande potere, però gli mancava la pace. In quel momento si addormentò. Quando si svegliò dal sonno, poté contemplare un'alba nuova, qualcosa di cui non aveva mai potuto godere prima. Fu allora, e solo allora, quando comprese che la pace non si può possedere, che il sole tornò a splendere e con lui la sua luce: la pace, la pace, la pace. Una semplice alba accarezzò con la sua pace il suo cuore ambizioso e per la prima volta poté comprendere cos'è la pace, la gratuità della vita». Il racconto si conclude riferendo che l'uomo ricco si svegliò dal suo sogno e che da allora si trasformò in un benefattore dell'Umanità, condividendo i suoi beni e immagazzinando tonnellate di pace nel magazzino del suo cuore.

Il Cammino è così, spazio e tempo per i racconti, l'amicizia e la pace. Anche Anxos è sparita, ha proseguito il suo cammino, pensando di fare ancora un po' di strada prima del tramonto del sole. Il suo ricordo mi invita a riempire il mio magazzino di pace.

GUARDARE CON IL CUORE

da Estella
a Los Arcos
(21 km)

«L'arte crea i versi, ma solo il cuore è poeta» (Chénier)

*I*l riposo notturno ha confortato la mia mente e il mio corpo. Ho proseguito con una gamba fasciata, ma con una speranza ancora più forte. In qualche modo oggi mi sono alzato più sereno ripensando al racconto dell'uomo ricco. All'alba, nel vedere i primi raggi del sole, non ho potuto che sorridere e ricordare Anxos, pellegrina singolare che alla maniera degli antichi trovatori va per il suo cammino condividendo la sua saggezza in forma di racconti. Improvvisamente ho pensato a tutte le persone che hanno bisogno di pace, a quelle che soffrono ogni genere di ingiustizia; non so perché, ma mi capita di rivolgere il mio pensiero a qualcun altro, come d'istinto. È che da quando sto camminando, al di là di avvertire la solitudine (che in buona misura cerco), percepisco che il mio mondo interiore è popolato di presenze misteriose e amichevoli, una sensazione del tutto nuova.

Oggi ho condiviso la via con un cane vagabondo che mi ha accompagnato per tutta la mattina. Il suo sguardo triste mi ha fatto tenerezza. La vita di un cane, per lo meno di alcuni, non dev'essere per nulla gradevole, tant'è vero che si dice "fare una vita da cani". A mezzogiorno mi sono disteso sotto un noce per riposare e mangiare qualcosa. Subito ho udito qualcuno avvicinarsi, fischiettando. Era Rufino, il pellegrino di Assisi che appare e scompare e che non so dove passi le notti perché, salvo il primo giorno a Roncisvalle, non l'ho più ritrovato in nessun *albergue*. Mi risulta simpatico quest'uomo semplice, allegro, pacifico. Si è avvicinato e ha sorriso. Fissando la benda che mi copriva parte della gamba, si è interessato delle mie condizioni. Ha accarezzato con delicatezza il cane pellegrino, quindi mi ha porto un regalo. Dal suo zaino ha estratto un libro, mostrandomelo con un sorriso. Il libro si intitolava *La sapienza di un povero*, di un autore chiamato Eloi Leclerc, probabilmente francese. Rufino mi ha detto solo di averlo letto varie volte in diverse tappe della vita, e che lo ha aiutato molto nel suo cammino. L'ho accettato con gratitudine. Poi ha sorriso di nuovo e, alzando la mano, si è congedato con un'altra frase curiosa: «Pace e bene». E con questa ha ricominciato a camminare, e dopo di lui il cane, che forse ha preferito il suo aspetto al mio.

Rifocillato il mio corpo sofferente, ho dato un'occhiata al libro. Apertolo, ne ho letto la dedica: «Ai miei cari genitori», e una citazione di Rainer Maria Rilke: «Dio aspetta là dove affondiamo le radici». Non posso negare che in quell'istante ho sentito dentro di me qualcosa di molto strano. Da un lato quel piccolo libro mi attirava, ma al tempo stesso mi provocava una certa inquietudine, poiché mi ricordava i libri di religione della mia infanzia che dovevamo "sorbirci" a scuola. Nonostante questo, non potevo disprezzare il regalo di Rufino. Al di là della citazione, non finiva di intrigarmi e di incuriosirmi: Dio e le radici della vita. Quali sono le radici della mia vita? Su cosa fondo la mia esistenza? Una vita intera non basterebbe a darmi una risposta soddisfacente. Ci sono troppe questioni da risolvere, troppi dubbi, un mistero troppo grande.

Non so quali siano veramente le mie radici. Al massimo conosco alcuni elementi sui quali, in maniera cosciente, ho potuto edificare la mia esistenza. La vita è davvero un'arte che solo esseri geniali riescono a padroneggiare, di quelli che nascono solo ogni cent'anni. Forse questo libro si riferisce a uno di loro. Posso leggere nell'introduzione che quel povero saggio altri non è che san Francesco d'Assisi, un santo del quale ho sentito molto parlare da piccolo. Di lui ho un'immagine un po' idilliaca, come di un uomo angelico che passeggiava tra i fiori sentendo la carezza del vento. Forse mi può far bene leggere qualcosa su di lui. Riconosco la mia ignoranza in materia di religione.

Non so se sia un caso, però poco più avanti sono passato vicino a una chiesa, proprio lungo il cammino. La porta era aperta e ho avvertito come una strana pulsione. Era da molto che non entravo in un luogo del genere. Tuttavia, la semplicità di quell'edificio nel bel mezzo di un villaggio sperduto nel bosco mi ha attirato a sé in modo singolare. Sono entrato, ringraziando per la frescura racchiusa tra le sue pareti. Nell'abside c'era un piccolo altare in pietra con alcuni bastoni incrociati, lasciati di sicuro da qualche pellegrino. C'erano anche dei messaggi. Confesso la mia sfacciataggine e indiscrezione, giacché ne ho sbirciato qualcuno. Erano scritti in diverse lingue. La maggior parte, per quanto ho capito, erano richieste. In alcuni si nominava una persona che stava attraversando un momento difficile, soprattutto una malattia.

In uno di questi biglietti c'era una preghiera che ho meditato per qualche istante e che in un certo modo ho finito per fare mia: «Arrivo davanti a te in polvere, distrutto, abbattuto. Il mio corpo è un lamento costante di dolore. Ma ciò che più mi duole è l'anima, la mia vita con i suoi errori e le sue falsità. Ormai mi resta solo da confidare nel mio cammino, negli altri e in Te. Sentire la tua presenza amorevole in tutto ciò che mi succede nella vita. Il Cammino, il mio cammino, mi sta trasformando perché è una prova, un esame meticoloso della mia vita, che ha finito per mostrarmi chi sono, ciò che ho vissuto fino ad oggi in questa storia personale della quale sono il protagonista. Già non sono più lo stesso: il Cammino mi sta rinnovando da dentro a suon di dolore – è come un parto –. Oggi nasco, torno a nascere nella casa dell'Umiltà e della Fiducia».

E adesso, in questo tramonto nel quale il sole sparge raggi rossicci e arancioni, non posso che assaporare e meditare gli avvenimenti di questi ultimi giorni, di questo cammino misterioso, duro, intimo che mi sta segnando così profondamente. Concludo la giornata leggendo *La sapienza di un povero*. Una citazione richiama la mia attenzione: «Se non ritornerete come bambini non entrerete nel regno dei cieli». L'infanzia, la mia infanzia, ricordi viscerali, marachelle, giochi, e le prime delusioni. Qualcosa mi dice che ora, in questo momento, sto vivendo una specie di seconda infanzia, più cosciente e fruttuosa della prima. Condivido la tavola con altri pellegrini, ogni volta più numerosi, con i quali sto avvertendo la magia del Cammino. Elisabeth, una pellegrina anglosassone, intona una canzone. Ne capisco una parte, il ritornello è molto semplice e profondo: «Guarda la vita, guardala dal cuore». Profonda saggezza: imparare a guardare la vita con il cuore.

da
Los Arcos
a Logroño
(28 km)

L'ANGOSCIA DELL'ESSERE

«La povertà ci fa liberi» (Madre Teresa di Calcutta)

Oggi mi sono smarrito in un mare di dubbi. È sconcertante constatare come il mio equilibrio psicologico ed emotivo vacilli non appena un pensiero negativo o una sensazione sgradevole mi sfiora. C'è dentro di noi un bambino ferito, quello che siamo stati, quello che continuiamo ad essere, che ogni tanto fa sentire il suo pianto. Oggi sono tornato a chiedermi quali sono le radici del mio essere, verso dove sta andando la mia vita, che senso ha tutto ciò che ho fatto finora, perché mi sono impegnato tanto per ritagliarmi un bel posto nella società, trascurando la mia vita interiore, il mio intero essere, sempre avido di felicità, sempre mendicando amori. E nella fatica ho scoperto che ci sono capitoli della mia vita passata che non sono ancora riuscito ad accettare, episodi con i quali non sono ancora riuscito a riconciliarmi. Mi sono venute in mente anche persone che mi hanno danneggiato o alle quali ho visto altri arrecar danno. La vita è complicata, e le relazioni umane sono sempre soggette alla legge dell'attrito; la mia libertà arriva fin dove inizia quella degli altri, ma quanto mi costa comprenderlo!

Oggi ho imparato una lezione. Ho capito che sono assediato da pensieri vani che turbano la mia pace e mi ostacolano nel cammino verso la maturazione personale. Senza volerlo sto costruendo la mia esistenza su un'infinità di pregiudizi che limitano la mia libertà. La negatività è molto dannosa, è come un tarlo che poco a poco, impercettibilmente, ti rode nelle viscere dell'essere. Non so perché, ma mi è venuta in mente un'immagine che una volta osservai riprodotta in un quadro. Riguardava l'episodio di Gesù di Nazaret che seda la tempesta nel lago di Galilea, acquietando così le paure di quegli uomini, di quei pescatori che lo seguivano. Allora non mi fu possibile intendere ciò che adesso comprendo alla perfezione. L'importante non era il miracolo in sé, che accreditava Gesù come il signore dei venti e delle maree, quanto piuttosto che l'evangelista stava cercando di comunicare al cuore del lettore che le tempeste della vita non sono che prove che testano la forza della nostra fiducia. Lo riconosco, io dubito, sono figlio di questa nostra società consumistica, mi costa trovare punti saldi al di là delle cose materiali, di una posizione sociale, di un certo potere. Ma oggi, oggi vedo in un altro modo. Ho bisogno della pace serena di chi, malgrado le avversità, mantiene la calma.

L'essere umano contemporaneo ha bisogno di accedere con urgenza al mondo della spiritualità. Il materialismo ci sta danneggiando perché svia l'attenzione verso richieste tangibili, temi superficiali che non arrivano al cuore della vita. Non sorprende che oggi depressione e stress siano mali che si propagano con tanta facilità. Stiamo perdendo di vista il valore del piano simbolico, di ciò che suggerisce profondità, che va più in là delle apparenze. Non sono maestro in niente, piuttosto apprendista in tutto (nella vita siamo tutti apprendisti); tuttavia, in balìa dell'angoscia tra onde di pensieri negativi, ho capito che l'oscurità non è altro che l'assenza di luce, e che è la luce la meta verso la quale camminiamo. Per comprenderlo, però, bisogna prima fare un cammino di progressiva spoliazione, liberandoci di tutto ciò che pesa e ci impedisce di avanzare.

Porto con me il libro che mi ha regalato Rufino. Ho cominciato a leggerlo. E sto capendo che l'esperienza di Francesco d'Assisi è, in qualche modo, quella di ogni essere umano che lotta per rompere le catene della schiavitù, di tutto ciò che ci impedisce di crescere. Forse per questo può essere opportuno optare per la saggezza dell'umiltà, l'umiltà di abbassarsi e lavorare con costanza, senza aspettare premi né riconoscimenti. Ma questa ascesi non è del tutto a portata di mano. È richiesto un cammino di opposizione al potere, a quelle ansie di potere che ci atrofizzano i sensi e ci procurano infelicità. Ogni volta, mi convinco sempre più che la nostra pietra d'inciampo altro non è che l'egoismo connaturato che ci accompagna fin da quando cominciamo a essere coscienti della nostra individualità. È questo stesso egoismo che porta l'essere umano a commettere atrocità. La radice della violenza sta in questo egoismo non solidale che può farci vincere nel regno dell'ingiustizia, ma che alla fine, una volta accertato che abbiamo reciso il cordone ombelicale che ci unisce alla gratuità del creato, ci procura infelicità.

In questa lotta perpetua mi sono riconosciuto povero. Eccomi qui: in cammino verso Occidente, senza sapere molto bene perché, né per che cosa. Avendo quasi sempre più del necessario, imparo a condividere. Mai prima d'ora avevo avuto questa sensazione di libertà datami dal sentirmi un uomo fragile, piccolo, povero in mezzo al mondo. Liberare il cuore dall'egoismo e dall'ansia di avere, di fingere, di dominare, è un'esperienza "forte" che, purtroppo, non sono in molti a conoscere. Il nostro tesoro è il nostro cuore, la nostra vita, il nostro essere. E abbiamo nelle nostre mani la grande responsabilità di fare di noi una pagina meritevole nella storia dell'umanità.

Oltre che a Francesco d'Assisi, oggi mi sono sentito spiritualmente legato anche al Mahatma Gandhi e alla sua scelta di una povertà volontaria e non violenta. Dovremmo prestare più attenzione a questi uomini. La loro filosofia continua a essere attuale per chi voglia veramente vivere la vita in maniera autentica e con coerenza. La pace è la conseguenza di un'esistenza vissuta con fiducia, senza pretese, amando e lasciandosi amare da questa creazione che adesso è mia compagna nel cammino, in ogni pietra, in ogni albero, in ogni piccolo animale, in quella donna che provvidenzialmente mi ha offerto frutta fresca e acqua pura quando ero in preda all'angoscia. Stiamo perdendo la dimensione della vita nella sua quotidianità, spazio sacro nel quale ci stiamo giocando la nostra felicità e quella dei nostri figli. Vivere è anche sentire in certi momenti l'angoscia dell'essere.

da
Logroño
a Nájera
(28 km)

LA GIOIA DI VIVERE

«Dormii e sognai che la vita era allegria. Mi svegliai e osservai che la vita era servizio. Servii e scoprii che nel servizio si trova l'allegria»
(Rabindranath Tagore)

Ogni giorno si apre come un ventaglio che ci offre varie possibilità per cercare di vivere con pienezza ogni istante. Tendiamo a programmare, ed è bene che lo facciamo, soprattutto se il nostro lavoro ci costringe a essere costantemente condizionati dagli orari; tuttavia, è sempre un'autentica gioia poter assaporare la vita senza la pressione del tempo. E questo nella mia vita sta succedendo proprio adesso, in questo istante intenso nel quale sono e vivo. Il sole del mattino è la sveglia naturale che invita a metterci in cammino, senz'altra pretesa che quella di camminare e approfittare di ogni circostanza per crescere dentro. La felicità scaturisce dal vivere con intensità l'attimo, non in maniera egoistica ma cercando di essere generosi con la vita stessa che dà a ricchi e poveri; e i poveri siamo noi, non la vita né la fortuna, se neghiamo loro il necessario per vivere.

Oggi ho fatto l'esperienza di una riunione familiare. Sono via di casa da diversi giorni e la verità è che penso spesso ai miei cari; anche se uno dei motivi che mi hanno portato su queste strade è stato quello di stare da solo, tuttavia – devo riconoscerlo – mi mancano la mia famiglia, i miei amici. Anche quando le differenze portano allo scontro, la famiglia è un focolare al quale si torna sempre come al seno materno, perché l'affetto fa superare tutte le difficoltà. Questa particolare riunione di famiglia è giunta come un regalo da parte di una famiglia pellegrina che mi ha fatto sentire per alcuni istanti figlio, fratello, padre e madre. Si tratta di una famiglia originaria della zona di La Rioja che ha deciso, dopo averci pensato e averlo desiderato a lungo, di fare insieme il Cammino di Santiago. E questo per vari motivi. Primo fra tutti perché vivono in un paesino lungo il Cammino, e da molti anni vedono passare pellegrini di tutte le razze e da ogni parte del mondo, che hanno anche ospitato. È per questo che i tre figli di Maripaz e José – Pacita, Antonio e Jaime, di 16, 14 e 11 anni rispettivamente – considerano come un sogno che si sta già avverando di poter andare a Santiago a piedi, tutti insieme.

Chiacchierando alcuni istanti con la coppia, mi sono riempito di gioia. Ma soprattutto sono rimasto incantato nell'osservare la tenerezza con la quale i genitori trattavano i loro figli e come questi rispondevano in ugual maniera e con un'educazione sorprendente. La società di oggi perde molto di sé se non dà il giusto valore e non sostiene l'istituzione familiare, che è antica quanto il mondo stesso. Maripaz e José hanno deciso di amarsi e di riversare tutta la loro tenerezza sui figli. Sentendo parlare Maripaz, mi sono ritrovato davanti a una sposa, e madre, che si riferisce all'amore come all'essenziale della vita, un amore che, per essere vissuto come un progetto di coppia prima e di famiglia poi, deve nutrirsi di comprensione, di rispetto e di libertà. E José assentiva con la testa, dando a intendere di condividere le parole della moglie.

Dopo essere stato con loro, ho pensato a tutte le famiglie a pezzi che conosco, divise dalle circostanze più disparate. Capisco che a volte la vita matrimoniale e familiare possa essere dura, però sono convinto che a risultare perdenti alla fine siano tutti i membri di quel nucleo, che o è d'amore, o è fittizio. Ho pensato anche a tutti quei figli, nel mondo, che non hanno il privilegio di sentire la sana tenerezza di genitori che si dedicano con passione all'arte di rendere possibile e felice una vita umana. E non ho potuto che soffocare nel cuore un lamento di indignazione per tutte quelle violenze che certi adulti commettono contro l'infanzia. I bambini sono la speranza della vita umana, prendersela con loro è come cominciare a distruggere ogni speranza.

Continuo a leggere *La sapienza di un povero*. E continuo a sorprendermi di come un uomo angelico come san Francesco d'Assisi avesse vissuto gli ultimi istanti della sua vita con la sofferenza nell'anima, nel constatare che alcuni suoi confratelli volevano gettare via il suo ideale. La sua sofferenza è in qualche modo anche la sofferenza di coloro che sono capaci di sognare la bellezza, e tuttavia i poteri di questo mondo si propongono di farne tacere l'idealismo, mossi da oscuri interessi. Percepisco che Francesco era un folle che rompeva gli schemi di molti suoi contemporanei. In fin dei conti, aveva scelto un'opzione di vita basata sul Vangelo di Gesù, per la quale il discepolo non poteva superare il maestro. Il tradimento, l'abbandono, l'invidia o le gelosie, purtroppo, continuano a essere all'ordine del giorno in una società quasi nevrotica, che più si fa tecnologica, più si disumanizza.

Dopo essere stato con quella famiglia e aver letto alcune righe del libro, sento, al di là della rabbia, una specie di pace incoraggiante, pensando che se sono esistite persone come Francesco d'Assisi, e continuano a esistere persone come la famiglia di La Rioja, la speranza risorge ogni giorno. Voglio godere della vita, però non come chi conserva per sé tutto ciò che è buono. Essere solidali è dare, offrire, condividere. Vorrei condividere in questo momento la gioia piena di vita che provo dentro nel sentirmi libero in mezzo alla campagna. Da qui proclamo, anche se mi ascoltano solo il vento, il cammino e le sue creature, che la vera rivoluzione è quella del cuore umano che si impegna a favore di un mondo più giusto e di pace. A che serve la violenza che genera l'odio o l'invidia? L'essere umano progredisce solo nella misura in cui progredisce il suo cuore, il suo intero essere, trasformandosi in una persona generosa allorché condivide la propria gioia di vivere. Abbiamo bisogno di gioire dell'essenza della vita stessa che ci è offerta in ogni istante, in un'alba radiosa, nella condivisione del pane, in una conversazione piacevole, o nella pace trasmessa. Voglio gioire della vita, libera, profonda, e in modo solidale. Voglio sentire nel mio intimo la gioia di vivere.

IL TRAMONTO DELL'ILLUSIONE

da Nájera a Santo Domingo de la Calzada (22 km)

«Quello che accetti si trasforma» (Massima buddista)

C'i sono giorni nella nostra vita in cui l'essere naufraga nelle sue stesse acque. Il nostro equilibrio psico-affettivo è come un aquilone in balìa del vento, una banderuola alla mercé della tempesta. Oggi il cielo si è riempito di spesse nubi che minacciavano pioggia sul cammino dei pellegrini. In una settimana, è la prima volta che temo il maltempo, sebbene la saggezza popolare inviti a fare "buon viso a cattiva sorte". E mi è costato, mi è costato enormemente concludere questa tappa, che come altre della mia vita mi ha trafitto il cuore di tristezza. Non so perché, ma la natura ha molteplici facce, anche se capisco che in realtà tutto dipende dal nostro maltempo interiore. L'oscurità di questo giorno dal cielo plumbeo mi ha fatto camminare a testa bassa, senza godere del dono del cammino né della gente che ho incontrato. Oggi i miei sogni si sono popolati di negatività, come se anche il mio cielo interiore minacciasse un temporale.

La poca luce esterna è stata un invito a rifugiarmi nel mio intimo, ed è stato proprio lì, dove l'essere umano resta solo con se stesso, che non ho potuto invocare altro che la verità della mia esistenza personale. Mi sono venuti in mente i momenti più difficili della mia vita, le lotte costanti e il dolore che ho potuto causare ad altre persone. È stata come una catarsi emotiva che mi ha fatto piangere senza imbarazzo, forse solo con un lieve timore che qualcuno, qualche pellegrino, potesse vedermi. La nostra cultura afferma che noi uomini non possiamo piangere. E questa è una delle tante menzogne che avvinghiano la nostra vita in una società di apparenze. Siamo figli di una cultura, ma nessuno ci impedisce di crescere spiritualmente liberi, rompendo con i luoghi comuni. Ammiro quelle persone che nel corso della storia sono riuscite a raggiungere una certa libertà personale.

La sensazione di pesantezza e di tristezza mi ha accompagnato quasi tutto il giorno, fino all'arrivo all'*albergue*; qui ho potuto condividere momenti piacevoli con gli altri pellegrini. Durante il cammino ho pensato al mistero della malattia, che fa soffrire e a volte sconfigge la vita, spezzando così ogni progetto e ogni speranza. Sono già diverse le persone incontrate che stanno combattendo una battaglia senza tregua contro un male, soprattutto contro il cancro. La malattia è un male che dobbiamo inquadrare in quella casella, in quel cassetto che chiamiamo mistero. Non ho mai considerato la rassegnazione come una risposta alla sofferenza. Non condivido quel modo di vedere di alcune persone che dicono che è la volontà di Dio e come tale va accettata. Io non posso credere in un Dio così. Forse per questo, tanti dubbi senza risposta hanno fatto sì che mi sia allontanato dalla fede, una fede che non comprendo nel modo in cui viene proclamata in alcuni ambiti. Tuttavia anche così, lo riconosco, ho bisogno di credere, di fondamenta sicure su cui costruire la mia vita.

Penso ai miei amici che soffrono, e li accolgo tutti nel mio cuore, anch'essi pellegrini con me. È curioso, l'esperienza di oggi nonostante tutto ha lasciato come un sedimento di pace che adesso sento nel mio essere, una pace ribelle e tenace, non di rassegnazione, anche se a volte mi sento abbattuto e sopraffatto dai colpi della vita. La prova, lo sforzo, compresa la sofferenza, possono essere esperienze di crescita, nella misura in cui ci fanno considerare la vita da una prospettiva più profonda, con una intensità che non si ha quando tutto va bene. Il Cammino mi sta facendo sentire solidale con le sofferenze dell'Umanità. Continua a essere fonte di speranza il fatto che tra pellegrini ci aiutiamo nelle nostre fragilità: non manca mai qualcuno che ti offra un sorriso nei momenti d'angoscia, o dell'acqua quando hai sete, o che curi le vesciche a chi ancora non si è abituato al dolore dei piedi. La solidarietà ci può aiutare a umanizzare un po' di più questo mondo di orrori.

Mi sono fermato in un luogo di grande tradizione giacobea: Santo Domingo de la Calzada, un paese che nacque intorno a una persona, un uomo che si santificò al servizio del Cammino. Si racconta che Domenico (Domingo), cui nel tempo fu assegnato il nomignolo "de la calzada" (letteralmente della strada, quindi del cammino) per averne lastricata una, arrivò a costruire con le proprie mani una chiesa, un ponte e un *hospital* al servizio dei viandanti che percorrevano queste terre attraversate dal fiume Oja, che dà il nome alla regione (Rioja). Persone del genere, la cui vita è impegnata a favore degli altri, sono necessarie quanto il pane stesso. Il cammino è un esempio di solidarietà, uno stimolo a recuperare il valore della gratuità.

All'*albergue* ho conosciuto François, un francese di mezza età che scherza di continuo con gli altri pellegrini. Parla spagnolo con un marcato accento francese, il che gli dà un'aria ancora più simpatica e affabile. Gli ho raccontato del pessimismo con cui ho vissuto questa giornata. Mi ha sorpreso il suo silenzio attento e la pace con la quale mi ha detto di essere appena uscito da una fase molto complessa della sua vita. Quando tutto gli sorrideva, gli diagnosticarono una forma aggressiva di cancro. I primi momenti furono di assoluto abbattimento, fino a rendere necessaria un'assistenza psichiatrica. Non riusciva a darsi ragione del fatto che la sua vita fosse in pericolo, e che dovesse sottomettersi a una lunga cura che non gli avrebbe nemmeno assicurato la guarigione. Dopo mesi di «lasciarsi morire» – parole sue – grazie all'affetto di sua moglie cominciò a riprendersi. E promise alla sua sposa che, qualunque cosa fosse accaduta, avrebbe vissuto la vita con intensità fino a che il destino (Dio) avesse voluto. E da lì iniziò la sua vera guarigione. François si trasformò in un uomo nuovo, estremamente delicato nel relazionarsi con le persone e soprattutto compassionevole. I medici arrivarono a chiedergli di aiutare altri malati ad affrontare la malattia.

Dalle sue labbra ho ascoltato una storia sorprendente. Una volta, in una stanza di ospedale, si ritrovarono insieme due uomini malati da lungo tempo. Uno di loro non poteva alzarsi dal letto. L'altro invece sì. E tutti i giorni quest'ultimo si alzava, guardava dalla finestra e traduceva in parole al suo compagno tutte le bellezze che si potevano ammirare attraverso i vetri. L'uomo trasmetteva con entusiasmo al suo compagno di stanza un insieme di sensazioni positive: dall'altro lato della finestra c'era un parco molto bello con alberi e fiori; i bambini giocavano, i nonni passeggiavano e chiacchieravano, i cani correvano e da una bella fontana zampillava acqua limpida. L'amico, nel letto, gioiva nell'ascoltarlo.

Ma giunse la sua ora, e l'uomo pieno di vita consegnò il suo spirito. Il compagno pianse, pieno di tristezza. Quando l'infermiera entrò, le raccontò tutto ciò che di buono aveva ricevuto da quell'uomo generoso che gli riempiva la vita di luce con le sue descrizioni. L'infermiera, sorpresa, gli rispose che da quei vetri si vedeva solo una parete bianca e che il suo amico, per di più, era cieco. La grandezza della bontà umana è capace di vincere la tristezza e di fare della malattia un tempo per assaporare la vita dal profondo dell'essere. Dopo aver parlato con François, non posso che rimanere in silenzio e rendere grazie per il dono della vita e per tutte quelle persone che sono capaci di fare dei loro limiti un motivo di gioia e di speranza. Non ho diritto di lamentarmi. Il mio amico francese è stato oggi per me come quell'uomo cieco e malato che concluse la sua vita cercando di rendere felice un'altra persona. François mi ha raccontato di stare facendo il pellegrinaggio come ringraziamento per tutto ciò che di buono gli ha offerto la vita, soprattutto per i momenti critici della sua malattia, che adesso ha quasi superato. E il suo volto si riempiva di una luminosità speciale nel pronunciare un nome: Sara, la donna che lo ha salvato con il suo amore e la sua tenerezza. La vita è un continuo miracolo al quale rinasciamo dopo aver assistito al tramonto dell'illusione.

da Santo
Domingo
de la Calzada a
Belorado (24 km)

L'ECO DELLA SOLITUDINE

«La vita è un grande libro aperto per chi vive sveglio» (Detto popolare)

Oggi ho camminato assaporando la solitudine del pellegrino perso nel mezzo di terre vastissime, con l'orizzonte come limite, proprio là dove si fondono cielo e terra. È stata un'occasione di esame interiore in cui il mio essere si è concentrato sul suo intimo, senza prestare attenzione al paesaggio monotono che non offriva altra possibilità che quella di guardarsi dentro: la mia vita, i miei ricordi e questa sensazione di sentirmi, ora più che mai, un essere in armonia con tutto il creato. Ma è stato anche un momento per estraniarmi da me e contemplare la realtà circostante, la natura che, silenziosa, porta avanti la sua opera di generare vita e bellezza.

La primavera è già in piena fioritura. I campi si tingono di mille colori, in balìa della civetteria di fiori che adornano una terra che si lascia inzuppare d'acqua. In mezzo a un campo di grano ho riposato le membra mentre, senz'altro pensiero che quello di godere della vita che mi abbracciava, prestavo attenzione agli animaletti che, ciascuno secondo le proprie possibilità, svolgevano il loro lavoro ignari di ciò che succedeva, senza badare al fatto che un essere chiamato "animale razionale" li stava osservando. Mi affascina la delicatezza e la laboriosità dell'ape che raccoglie il polline sui fiori, per poi offrire tutta la sua dolcezza nel miele e nella pappa reale che nutre e ristora gli uomini. Mi affascina la capacità di organizzazione delle api nel favo. L'essere umano ha perso di vista il valore dell'unione nello sforzo, dell'organizzazione al servizio del bene comune.

È sorprendente constatare come siamo circondati di vita, anche quando la nostra mente s'imbatte a volte nella tristezza e nella sconfitta. La vita prosegue il suo corso con grande naturalezza, e questo dovrebbe farci pensare. Fin da bambino la morte mi spaventa in quanto minaccia all'esistenza, ferita lacerante nel cuore dell'Umanità. Eppure ogni volta mi rendo conto che è un momento critico che dobbiamo accettare come accettiamo la vita stessa. Un mistero, certo, però anche una realtà che, anche se le resistiamo da un punto di vista intellettuale, dev'essere digerita pian piano, perché prima o poi arriva. Ciò che è certo è che rimango convinto che la morte non abbia l'ultima parola. Forse la morte non è una fine ma l'inizio di qualcosa di nuovo, una specie di nuovo parto doloroso attraverso il quale ci trasformiamo e nasciamo a una nuova forma di vita più piena, una volta spezzate le catene dei limiti e dell'impotenza che caratterizzano la nostra attuale esistenza. Mi ha sempre attirato l'interpretazione che alcuni mistici hanno dato della morte come liberazione, un'uscita dal carcere del corpo che tiene l'anima prigioniera, quell'anima della quale già parlavano i classici greci e che è il respiro che ci sostiene nel nostro vivere quotidiano.

Fin da bambino mi interessano i grandi enigmi dell'Umanità, specialmente quelli che riguardano concretamente la persona, l'arte e il mistero di essere creature umane. E non nascondo di aver avuto momenti nei quali mi sono "sballato" di vita, quasi per eludere il dramma di dover pensare a ciò che per definizione ci trascende e supera il nostro senso della realtà. Tuttavia, adesso che cammino, sento che laddove prima avevo paura ora il cuore si tinge di pace: la pace di chi vede se stesso come un pezzo nel grande puzzle dell'esistenza. Sono vivo, e mi percepisco come essere in cammino, in evoluzione verso una maggior maturità, una pienezza che non so molto bene in cosa consista. Le certezze più profonde non corrispondono alle ragioni che possiamo esprimere a parole, perché le parole non riescono a contenere tutto ciò che implica la realtà stessa.

Immerso nella natura, celebrando il dono della vita, ascoltando il rumore dell'acqua del ruscello che scorre umile e chiara, annusando la fragranza dei fiori di primavera, assaporando i frutti che mi offre il cammino, sentendo la carezza del vento che soffia e rinfresca la giornata, mi sento un altro, in sintonia con tutto il creato, e al tempo stesso unito dentro di me: un tutto che si situa nello spazio concreto e si lascia portare dall'anima del mondo, da una forza che ci spinge a superare la prova. E il cammino, questo cammino, è anche superamento, impulso ad andare avanti. Mi lascio portare, mi lascio afferrare da questa pace che emerge dalla natura in primavera. Sono un allievo ignorante che sta apprendendo la vita giorno per giorno. Sono convinto che nel cuore qualcosa, o qualcuno, stia scrivendo un messaggio che ancora non riesco a decifrare. Forse il tempo e la meta di Compostela mi riveleranno la chiave. Intanto cammino, e camminando medito sulla vita.

I giorni passano. Il corpo si è ormai abituato a ogni tipo di privazione. I momenti più difficili sono quelli del dubbio, quando il pensiero mi assale con la sua negatività e cerca di turbarmi. Lo stesso succede nella vita quotidiana, quando mi lascio abbattere da tutto ciò che non dà pace al mio essere. La pace, la pace, mi ripeto incessantemente, cos'è? A che serve? Qualcuno mi aiuterà a comprendere, ne sono sicuro. Tutto ha un suo tempo. Forse adesso mi tocca attendere, sperimentando solo a tratti ciò che può voler dire ritrovare la fonte della serenità. Mi lascio portare, procedo, il che non è poco. Camminando, camminando la vita passa, eppure sto vivendo come mai mi era successo prima. Mi sento vivo, molto vivo, esageratamente vivo e con la voglia di spargere vitalità. Devo ringraziare la natura, questi sacri paesaggi attraverso i quali si snoda questo percorso millenario. Tutto è ringraziamento. La vita si trasforma quando sentiamo la necessità di esprimere il nostro grazie. Ringraziare è una forma di essere felici, riconoscendo il valore di ciò che ci viene offerto come un grande dono.

Chiudo gli occhi e mi lascio avvolgere da una sensazione di serenità. Per alcuni istanti ripenso al mio vissuto fino a questo momento della mia esistenza; la mia storia personale già non è più un eco molesto, quanto piuttosto un pezzo del mio essere depositato in un archivio del cuore. Il cammino mi sta segnando con decisione, la sua impronta si sta fissando indelebile nella mia anima. Nel silenzio di questo tramonto che contemplo, rivivo la grazia del volo dell'ape, l'ondeggiare del grano che si lascia pettinare dal vento, il sapore agrodolce ma naturale della mela, presa come un generoso regalo dall'albero che dona un pezzo di sé, il saluto esultante di quel contadino che ha condiviso con me il suo sapere sulla coltivazione della terra, e la vita stessa in tutto il suo splendore naturale e quotidiano. Inspiro profondamente e sento, come mai prima d'ora, che l'aria fresca ossigena le mie viscere e mi fa vivere. Vivere, vivere, un'arte, un mistero, un regalo, anche solo ascoltando l'eco della mia solitudine.

da Belorado
a San Juan
de Ortega
(25 km)

LA VERITÀ
DI AMARE

«*L'unica, l'unica verità è amarsi*» (José Luis Martín Descalzo)

*I*l Cammino è un foro ideale per il dialogo nel quale si fa concreta la possibilità di conversare sulla vita, come immergersi in un mondo meraviglioso nel quale ogni persona ha l'opportunità di offrire il meglio di sé. Richiamo ora alla memoria tutti quei pellegrini che percorrono l'itinerario, e che ho conosciuto. C'è un legame che ci vincola e in qualche modo ci rende fratelli: siamo tutti pellegrini, e anche se ciascuno segue il suo ritmo, le nostre impronte si sovrappongono a quelle di coloro che sono passati prima di noi e, in un certo modo, hanno aperto nuovi sentieri. Il cammino che si percorre meglio, più facilmente, è quello che è già stato tracciato da altre persone. Ed è un'immensa ricchezza di umanità che attraversa i tempi e le culture.

Oggi mi sono concesso una giornata senza preoccupazioni, rallentando il passo e fermandomi volentieri là dove piaceva al cuore. Ho approfittato dei momenti di riposo per leggere. Ho cercato di approfondire di più gli aspetti storici e artistici del "Cammino francese", questo itinerario che parte dai quattro angoli del Vecchio Continente e punta a Occidente, seguendo la traccia del sole. Non finisce di emozionarmi il sapere che probabilmente milioni di persone nel corso della storia hanno fatto lo stesso percorso che sto facendo io oggi, camminando con il cuore nell'incertezza verso una meta desiderata. È certo che i tempi sono cambiati, e che sicuramente compiere un pellegrinaggio ieri era molto più difficile, per vari motivi: tuttavia sono convinto che l'uomo del Medioevo, se facessimo una radiografia del suo essere interiore, non differiva nell'essenza da qualsiasi pellegrino di oggi. Considero il cammino fisico e non posso che sentirmi legato a tutti quegli agguerriti pellegrini medievali che, anche a rischio della vita, si lanciavano nel cammino forse con ansie di pienezza, per dare un senso alle loro esistenze. Per questo, il Cammino di Santiago mi si presenta come un autentico tempio sacro.

Lungo la strada, il pellegrino si imbatte in alcuni testimoni silenziosi di questa storia. Soprattutto le chiese, i templi, che con la loro serenità invitano i viandanti a interrogarsi sul trascendente. Ricordo che da bambino mi piaceva rimanere a guardare i campanili delle chiese e, se era possibile, salirci sopra per contemplare la vita dall'alto. Guardare verso la cima di una torre significa lasciarsi rapire immediatamente dal cielo immenso che ci sovrasta, e fin da bambino associo il cielo alla presenza del divino. So che questi sono tempi difficili per la fede, la religione in alcune epoche è stata una specie di narcotico che schiavizzava le persone. E non nego che la mia reazione di adolescente è stata il rifiuto dell'immagine di un Dio che non ama, ma giudica solo e condanna. Non l'ho mai potuto comprendere. Tuttavia nel silenzio del cuore, forse con ancora un po' di vergogna, sento di avere sempre uno spazio libero per la "questione" Dio.

Il Cammino è segnalato nelle stelle che guidano verso il Finisterre occidentale. Fin da bambino mi piace contemplare il cielo stellato, e a tutt'oggi non sono ancora riuscito a vincere (né lo desidero) quel sentimento di emozione, ammirazione e suggestione che mi procura la bellezza dell'universo. La mia ragione prova a resistere ma finisce sempre con il doversi arrendere all'evidenza. Deve esserci un essere superiore, intelligente, una prima e ultima causa che sia la chiave di interpretazione di tutto il creato, di tutto ciò che accade. Anche così, riconosco che la cultura dominante in questo momento, così votata all'emancipazione da tutto ciò che abbia a che fare con la religione, ha trascinato anche me su una posizione intermedia. Tuttavia mi rammarico che in questa società tanto avanzata dal punto di vista tecnologico non si indaghi in maniera più approfondita la realtà dell'elemento religioso nell'essere umano, vero potenziale al servizio del bene comune. Cercare la felicità umana significa anche tenere in considerazione la dimensione religiosa, presente fin dalle origini nella storia dell'Umanità. Né i pregiudizi, né l'integralismo ci aiutano ad avanzare nel cammino di costante conquista della verità, della felicità e della libertà.

Mi viene in mente una citazione che mi è capitato di sentire più volte: «La verità vi farà liberi». Mi sembra vada così nel profondo dell'essere che vale la pena che entri nelle nostre vite come una sorta di motto. Vivere in verità implica sradicare dalla nostra esistenza la menzogna, tante forme di menzogna; alcune molto sottili, che ci possono servire eventualmente per cavarcela in una data circostanza, ma che alla lunga ci fanno naufragare nelle nostre stesse acque, facendoci scoprire che una vita basata sulla falsità non può che portare alla violenza e alla frustrazione. Avere il coraggio di vivere nella verità, nella propria verità, è fare un passo decisivo verso la nostra maturazione e la conquista della felicità. La libertà non è un'attitudine di fronte alla vita, quanto piuttosto la conseguenza logica di vivere nella verità, di fare delle nostre vite un ruscello di acqua cristallina che segue il suo corso fino alla propria meta. La libertà è conseguenza stessa della verità. Senza verità non c'è libertà. Tutto il resto sarà un lampo fuggente, un'illusione, un'ulteriore forma di schiavitù che gioca a ingannarci.

Viviamo troppo succubi di certi modi di intendere la vita nella società. Alla fine dovremo pagare un alto prezzo (depressione, stress, ecc.). Lo scintillìo della società dei consumi finisce col rendere l'uomo contemporaneo schiavo dei suoi desideri e delle sue sensazioni. Per questo sarebbe opportuno recuperare il senso della verità applicato alla propria vita, smascherando tutti gli inganni culturali che diamo per scontati. Nel Cammino, per la prima volta, sto cominciando ad avvertire la libertà di chi si trova con se stesso e con gli altri senza bisogno di tanti misteri né di maschere. Ritrovarmi con la mia verità, con la verità degli altri, mi sta aiutando a comprendere che la libertà è del tutto necessaria, ma che la si conquista solo a partire dall'umiltà di chi non evita di restare da solo con se stesso. Nella nostra notte interiore ci sono sempre stelle che ci guidano, anche quando talvolta tendiamo a lasciarci abbattere dalla forza degli eventi.

La conquista della libertà è necessaria per aprirci al dono della vita senza lasciarci schiavizzare da ciò che ci nasconde il volto della vera realtà, una realtà che fu creata, ne sono convinto, affinché l'uomo di ogni tempo trovi il sentiero verso la felicità. Ho bisogno di essere libero, ho bisogno di liberarmi dai miei complessi, dalle mie paure, dai miei pregiudizi, dalle mie abitudini di vita accomodanti. La maggior tentazione dell'essere umano contemporaneo è quella di rinunciare alla vera felicità in cambio di piccole sicurezze che portano benessere, o a ciò che chiamiamo qualità della vita, ma che poco a poco ci sottraggono pezzi di libertà.

Capisco perfettamente l'espressione di Gesù di Nazaret, e la comprendo grazie a lui, che visse in coerenza con il suo messaggio. Sono convinto, però, che la verità che ci libera altro non è che la forza dell'amore, la possibilità e l'esperienza di essere amati e di amare. Solo l'amore ci può aiutare a capire questa esistenza che abbiamo tra le mani. L'amore, quello vero, libera, e ci conduce irresistibilmente verso la piena felicità. E mai ho avvertito un sentimento d'amore come quello che sperimento adesso, condividendo la mia vita con persone e cose, con le "presenze" misteriose e belle del Cammino. Questa è la verità di amare.

da San Juan de Ortega a Burgos (23 km)

LA SOLIDARIETÀ GENERA AMICIZIA

«Mi parlarono di un uomo il cui amico era stato incarcerato, e che si sdraiava tutte le notti sul pavimento per non godere di una comodità della quale avevano privato il suo amico. Chi si sdraierà sul pavimento per noi? Io vorrei esserne capace. Sì, un giorno tutti ne saremo capaci e allora ci salveremo» (Albert Camus)

*U*na delle grandi ricchezze che offre il Cammino di Santiago è la possibilità di conoscere e condividere momenti, gesti e parole con persone provenienti da ogni parte del mondo. Il Cammino si trasforma così in una specie di Babele che, a differenza di quella biblica, riesce a generare comunione sulla base dell'umiltà. Alla fine il pellegrino condivide con altri l'amore, la tenerezza, a volte anche la rabbia che nasce dall'inevitabile dolore o dalle difficoltà che implica il camminare con uno zaino sulle spalle centinaia, a volte anche migliaia di chilometri, come nel caso di alcuni arditi europei che partono dalle loro terre natali. Acquista così senso quella convinzione diffusa che afferma che la nozione di unità europea fiorì camminando verso Compostela, che oggi, come nell'antichità, continua a essere uno spazio aperto di incontro e di dialogo sulla vita e i valori umani.

Ieri sera sono giunto in un *albergue* insieme a un folto numero di pellegrini. Dopo esserci sistemati secondo le possibilità, ci siamo incontrati all'ingresso e abbiamo iniziato a conversare sul Cammino. Poco a poco la conversazione ha divagato, fino a ritrovarci d'accordo all'unanimità sul fatto che ciò che più viene valorizzato dal Cammino è la possibilità di conoscere gente nuova e instaurare amicizie. Ed è stato su questo punto che si è sviluppato maggiormente il dialogo, sul fatto che nel nostro tempo si tende a dare un valore eccessivo alle cose e a tutto ciò che apporta sicurezza e confort, mentre si sta perdendo di vista il valore intrinseco dell'essere umano nella sua dignità, nella sua socievolezza, nella sua relazione con gli altri e con la natura stessa. L'amicizia è un valore non quotato al rialzo nella borsa della vita. E avvertiamo che l'egoismo è il peggior nemico, un autentico distruttore di amicizie. Allora mi è tornata in mente una citazione di Aristotele che una mia amica, grande amante dei classici greci, aveva l'abitudine di inserire nelle sue lettere: «L'amicizia consiste nell'amare e nell'assicurare il bene dell'amico per l'amico stesso». Accade che spesso confondiamo l'amicizia con una specie di opzione, secondo la quale la persona sceglie gli esseri più perfetti affinché facciano parte del suo gruppo selezionato. Ma l'amicizia è, soprattutto, cercare il bene altrui: è da questo che nasce la vera amicizia, al di là dei difetti e delle virtù.

Un pellegrino ha cercato in un dizionario, preso da uno scaffale dell'*albergue*, una definizione di amicizia, secondo la quale essa sarebbe l'«affetto personale, puro e disinteressato, normalmente reciproco, che nasce e si fortifica con il rapporto». Letta così, l'amicizia ha molto a che vedere con l'amore. Un altro pellegrino ha portato anche la sua versione in base a una citazione del linguista spagnolo Laín Entralgo, secondo il quale «la vera amicizia consiste nel lasciare che l'amico sia ciò che è e vuole essere, aiutandolo delicatamente affinché sia ciò che deve essere». E ha dato il suo contributo anche una pellegrina di formazione filosofica, che ha aggiunto una frase attribuita a José Ortega y Gasset: «Un'amicizia delicatamente cesellata, curata come si cura un'opera d'arte, è la cima dell'universo». È sempre bello constatare come in un angolo di mondo, al tramonto di un giorno qualunque, alcune persone si ritrovino a dialogare sul valore dell'amicizia, arrivando a precisare che è un elemento assolutamente imprescindibile per raggiungere la felicità.

Curare le nostre amicizie significa fare il nostro stesso bene e il bene altrui. E questo benché sia indubbio che l'amicizia comporta sempre un rischio, giacché si mette in gioco il meglio di sé al servizio del bene degli altri. Sì, in realtà è come cercare di scolpire un'opera d'arte. Ricordo adesso i miei amici. Ieri sera sono andato a letto assaporando il piacevole momento di dialogo e pensando ai miei amici che, in un certo modo, adesso più che mai considero autentici tesori. Nei momenti più difficili della mia vita non è mai mancata una parola di conforto, un gesto d'affetto, attenzione costante e incoraggiamento. L'amicizia può generare una nuova forma di comprensione del mondo. Amicizia e solidarietà sono termini equivalenti perché una conduce all'altra, anche se è certo che a volte l'ingratitudine umana può arrivare a limiti insospettabili. Generosità, libertà e rispetto sono altre componenti essenziali per poter sperimentare a fondo la vera amicizia.

Adesso sono a Burgos, la prima grande città dopo Pamplona e Logroño. È ancora viva in me l'emozione dell'entrata nella città vecchia attraverso la Porta di Santa Maria, lo stupore provato dinanzi alla facciata della splendida e candida cattedrale gotica. Le sue alte torri mi hanno fatto provare una specie di ascesi interiore, uno stimolo ad alzare sempre lo sguardo verso l'alto. Dentro di me, una sensazione di immensità nella mia piccolezza. Dopo aver gironzolato all'interno del complesso, mi sono seduto su una panca a riflettere, e lì è sgorgata in me una specie di preghiera nella quale, senza sapere molto bene a chi, rendevo grazie per tutto ciò che mi sta accadendo, e soprattutto ho fatto miei i sentimenti dell'Umanità intera, intercedendo per chi soffre. Il silenzio del tempio mi ha trasportato in una valle di pace nella quale sono quasi stato colto dal sonno.

Ritrovato il senso della realtà, anche se la verità è che quasi non distinguo più i sogni dalla realtà (a volte penso siano la stessa cosa, che i sogni ci portino a trasformare la realtà più cruda per ricrearla secondo le nostre ansie di felicità), ho notato con lo sguardo, sulla stessa panca dove riposavano le mie membra, un foglietto con la foto di una persona. Si trattava di Madre Teresa di Calcutta, quella donna che si dedicò anima e corpo al servizio dei più bisognosi, e che senza dubbio ha scritto col suo amore una delle pagine più belle della storia dell'Umanità. Sul retro, una preghiera attribuita a lei. Nel silenzio, con il cuore immerso nella pace delle navate della cattedrale, ho letto e fatto mie queste parole:

Signore, quando ho fame, dammi qualcuno che ha bisogno di cibo; quando ho sete, dammi qualcuno che ha bisogno di acqua; quando ho freddo, dammi qualcuno che ha bisogno di calore; quando ho un dispiacere, mandami qualcuno da consolare; quando la mia croce diventa pesante, fammi condividere la croce di un altro; quando mi vedo povera, metti al mio fianco qualcuno più bisognoso; quando non ho tempo, dammi qualcuno che io possa aiutare per qualche momento; quando sono umiliata, fa' che io abbia qualcuno da lodare; quando sono scoraggiata, mandami qualcuno da incoraggiare; quando ho bisogno della comprensione degli altri, dammi qualcuno che ha bisogno della mia; quando ho bisogno che ci si occupi di me, mandami qualcuno di cui occuparmi; quando penso solo a me stessa, attira la mia attenzione su un'altra persona. Rendici degni, Signore, di servire i nostri fratelli: dà loro, attraverso le nostre mani, non solo il pane quotidiano, ma anche il nostro amore misericordioso, immagine del tuo.

Questa è l'espressione più sublime dell'amicizia che si fa «amore misericordioso» per gli altri. Sicuramente il mondo sarebbe un vero paradiso se ci fossero tra noi molte Madri Teresa disposte a riporre la propria felicità nell'atto amorevole del dare, dell'offrire, di accudire fino in fondo, facendo sentire la presenza di un amico a chi probabilmente non ne ha. Teresa era un gigante della fede, non ne ho il minimo dubbio. Per amare così non serve chissà quale scienza o teologia, solo un cuore sensibile capace di rinunciare all'egoismo per dedicarsi ad amare a piene mani. La solidarietà genera amicizia.

IL PELLEGRINO FELICE

da Burgos a Hornillos del Camino (21 km)

«Abbiamo ciò che cerchiamo. Non dobbiamo far altro che corrergli dietro. È lì da sempre e se gli diamo tempo si rivelerà a noi»
(Thomas Merton)

Da adolescente lessi una citazione di un filosofo, un certo Emmanuel Mounier; già allora compresi che racchiudeva in sé una grande verità, e che definiva in un modo molto appropriato in cosa consiste la vera felicità umana: «Sogno un mondo nel quale possa fermare il primo venuto, all'angolo di qualsiasi via, e fattomi all'istante suo pari in tutto ciò che è, continuare con lui, senza la minima stranezza, la sua conversazione interiore. Le poche volte che Dio mi ha concesso la grazia di un incontro così, ho scoperto realmente cos'è amare». Sono parole che mi hanno sempre affascinato, forse perché, nella mia mente, s'incrociavano da una parte il bel sogno dell'amore e dall'altra la sfiducia verso l'essere umano. Ma adesso, nel Cammino di Santiago, si sta realizzando ciò che il filosofo proclamava con fierezza. Il Cammino è in realtà un incrocio di sentieri dove l'incontro è sempre dietro l'angolo.

Oggi ho rivisto Rufino, il pellegrino italiano dal sorriso facile che trasmette pace e allegria. Questa volta sono stato io a raggiungerlo, un po' curioso di sapere chi è realmente questo pellegrino felice che non passa la notte negli *albergue* e che, da quel primo semplice incontro a Roncisvalle, appare fugacemente lungo la strada. Mi ha raccontato di aver deciso di fare il Cammino vivendo intensamente la povertà, la privazione da tutto, e che per questo evita il più possibile di dormire negli *albergue*; pur ringraziando per la generosità che gli si offre, dice che così il suo posto potrà essere occupato da un pellegrino più bisognoso. Rufino dorme dove la notte lo sorprende: per terra, in una casa, in una chiesa abbandonata, o sotto un portico. E non riesco a non provare un po' di invidia nel sentirgli narrare le sue sensazioni durante il cammino e la galanteria con la quale tratta «la mia fidanzata povertà, che mi rende libero».

Ha ragione Rufino, viviamo eccessivamente attaccati alle sicurezze materiali, finché un colpo avverso della vita ci desta dal sonno. Guardando negli occhi Rufino, ricordo Diogene, quel saggio greco che decise di passare il resto della sua vita facendo di una botte vuota la sua casa, e quell'aneddoto secondo il quale un imperatore, incuriosito e al tempo stesso invidioso della libertà a della pace di quel povero mendicante, andò a fargli visita per offrirgli tutte le sue ricchezze in cambio della sua saggezza. Racconta la leggenda che Diogene si limitò a dirgli: «Levati di mezzo, mi stai togliendo la luce del sole». Questo pellegrino di oggi non è forse un saggio? Certamente le sue parole trasudano saggezza. Certo, per vivere e rendere possibile la nostra esistenza in questo mondo abbiamo bisogno di mezzi, però di quelli giusti; spesso ciò che ci presentano come necessario ci schiavizza e ci rende ingiusti verso chi ha meno. Il ragionamento di Rufino a questo proposito mi ha fatto pensare in cosa consiste la vera libertà: «Se hai più del necessario per vivere sei egoista rispetto a ciò che ti circonda, e ingiusto verso chi non ha il necessario per vivere. Inoltre, i beni ci imprigionano nel mondo delle sensazioni contraddittorie, perché se dai il tuo cuore a ciò che di per sé è transitorio, dandogli più valore di quanto ne abbia realmente, porrai tutti i tuoi sforzi nel mantenere il tuo *status* o a migliorarlo. E così, la libertà svanisce come il fumo che sale dal rogo dell'egoismo che ti brucia dentro. Io non sono migliore di nessuno, né cerco di dare lezioni; semplicemente vivo, e sono giunto a capire che la libertà consiste nel godere con gioia di ciò che siamo e di ciò che la vita gratuitamente ci offre, senza forzare né fare pressione, ringraziando, vivendo con gratitudine il dono di ogni attimo».

Il pellegrino di Assisi porta al collo una cordicella con attaccata una specie di "T" in legno. Da qualche parte ho letto che questo era il simbolo dei Templari, costruttori di cattedrali. Così gli ho chiesto se non fosse per caso un templare dei nostri giorni. La sua risposta mi ha sorpreso: «Tutti siamo templi dello Spirito Santo, e il nostro cuore è un tabernacolo nel quale abita Dio». Parole che mi hanno un po' disorientato. Credo lo avesse notato perché mi ha sorriso e mi ha detto che quella "T" in realtà è la croce francescana; san Francesco d'Assisi, infatti, lasciò alla posterità una benedizione scritta di suo pugno firmandola con questo simbolo, che altro non è che la lettera "T" dell'alfabeto greco, la quale però, come mi ha informato Rufino, figura come il segno dei salvati in un libro dell'Antico Testamento (quello di Ezechiele). Oltretutto, è possibile che san Francesco, peregrinando a Compostela, abbia potuto vedere questo simbolo, dato che lo portavano i monaci antoniani che a quell'epoca accoglievano i pellegrini lunga la via. Così, dunque, la mia curiosità è stata soddisfatta: Rufino è un giovane italiano, amante dello stile e della vita di san Francesco al punto di essersi fatto lui stesso frate. Non ho mai visto nessuno parlare con tanto affetto e ammirazione di qualcuno che non ha mai conosciuto, considerando che il santo di Assisi visse circa ottocento anni fa.

Abbiamo allora iniziato a parlare del libro che mi aveva regalato alcuni giorni prima e che ho quasi terminato. C'è una frase sulla quale mi sono fermato come incantato, come un bambino a bocca aperta davanti a una vetrina di giocattoli o di dolci. Rufino mi ha confermato che quel racconto influì decisamente sulla propria esperienza spirituale, aiutandolo a identificarsi con Francesco (così lo chiama). E mi ha raccontato anche la storia personale di Eloi Leclerc, l'autore di questa storia. Eloi è un francescano francese, già molto avanti negli anni, che da giovane visse l'orrore del campo di concentramento, nel quale assisté attonito all'esaltazione della crudeltà umana. Dopo la liberazione, fece ritorno a casa e lì, a contatto con la sua gente e con i paesaggi della sua Bretagna natale, cominciò a delineare quella che sarebbe stata la sua scelta di vita. Gli restavano, secondo lui, due strade: vivere fino all'ultimo con l'amarezza nel cuore, o recuperare la speranza. Alla fine, la figura di san Francesco fu decisiva nel salvare la sua esistenza dal peggiore dei naufragi. Attraverso Francesco comprese che l'essere umano è capace di generare bellezza, alimentata dalla bontà che sappiamo accumulare nel cuore. La speranza illuminò allora la sua vita e desiderò ardentemente combattere la crudeltà con la forza dell'amore. E tutto ciò ha voluto trasmetterlo attraverso i suoi libri, uno dei quali, proprio *La sapienza di un povero*, rende omaggio all'essere che, secondo Rufino, «salvò la mia anima».

Ho aperto il libro e ho letto a Rufino il paragrafo nel quale figura la frase che mi aveva fatto meditare profondamente: «L'uomo conosce solo quanto sperimenta». Davvero, in realtà non impariamo a sufficienza che ciò che viviamo, soprattutto se lo facciamo dal profondo dell'essere. Le avversità o le contraddizioni sopraggiungono quando siamo messi alla prova, e contemporaneamente impariamo di più su noi stessi e sugli altri. Rufino mi ha raccontato allora qual era stato il suo percorso di vita, di come da adolescente cercò sensazioni "forti", esattamente come fanno la maggior parte dei ragazzi e delle ragazze della sua età; e poi della disillusione, l'esperienza vissuta, ciò che gli permise di rialzarsi proprio quando era sul punto di andare completamente a fondo per una serie di problemi personali. Fu allora che il suo grande idealismo gli fece risollevare la testa e cominciare a cercare il vero senso della vita. E concluse che solo il lavorare per il bene degli altri è lavorare per la felicità. Così iniziò un nuovo cammino che alla fine lo portò in un convento della città natale di Francesco, Assisi, attirato, secondo lui, dalla «forza della pace e dell'amore».

Rufino traboccava di entusiasmo nel parlare, nel ricordare i primi passi di ciò che chiama «la mia rinascita». Una nuova vita che si basa anche su una chiave indispensabile: «Gesù di Nazaret e il suo Vangelo». Sentendo questo francescano parlare di Gesù, della sua libertà provocatoria e del suo messaggio d'amore, ho sentito qualcosa agitarsi inquieto dentro di me. Mai prima d'ora avevo sentito parlare di Gesù Cristo con tanta naturalezza e semplicità: Gesù è il Maestro, il «cammino che ci mostra la felicità», un essere che rese Dio parte della nostra vita, un "espropriato" per la causa del bene umano, bene che, secondo Rufino, si chiama «Regno di Dio», un Regno che è già in mezzo a noi, dentro di noi.

Riconosco di non poter percepire la fede con la nitidezza di questo giovane italiano, anzi credo di essere troppo influenzato dagli stereotipi della società su Dio e la Chiesa, e questo mi ha portato a fare miei alcuni pregiudizi che, come tali, hanno qualcosa di vero e molto di ingannevole. Dopo il lungo scambio, Rufino si è congedato con il suo solito sorriso e un «Pace e bene, arrivederci». Allungando la mano, mi ha dato un bigliettino, una stampa di san Francesco che conservo con autentica riverenza, a ricordo di questo pellegrino felice.

da Hornillos
del Camino
a Castrojeriz
(20 km)

IL GIARDINO INTERIORE

«Ciò che realmente rende importante l'essere umano è quello che vive al suo interno, quello che lo fa essere autenticamente se stesso»
(José Real Navarro)

La maggior parte degli *albergue* nei quali ho pernottato in questi giorni ha un grande quaderno o un libro in cui i pellegrini che lo desiderano possono lasciare per iscritto le proprie speranze e impressioni, i propri desideri e le proprie sofferenze, la vita stessa come la sperimentano passo dopo passo. Ho trascorso molto tempo leggendo alcuni messaggi nei quali, al di là delle solite generalità sul Cammino di Santiago, ho trovato una profondità che non avevo mai visto riflessa sul volto delle persone con le quali abitualmente convivo, salvo rare eccezioni.

Il pellegrino tende ad aprire uno spiraglio nel suo cuore, e in totale libertà è capace di manifestare la propria intimità, dischiudendo così la sua vita al pellegrino sconosciuto che verrà dopo di lui. Mantenendo l'anonimato degli autori, ho preso nota di alcune frasi che mi hanno colpito o mi sono risultate particolarmente profonde o interessanti. È curioso, la maggior parte di loro parla di un qualcosa o qualcuno che genera un sentimento di pienezza che non riesce a colmarsi. È forse l'esperienza della spiritualità nelle sue diverse manifestazioni: dalla gioia esultante fino alla tristezza più profonda e allo strazio. Queste sono le citazioni "del Cammino", frammenti di vita di alcuni pellegrini che condivido e medito:

«Mai prima d'ora mi ero sentita così viva, così sovrabbondantemente viva malgrado i dolori, qualcosa sta succedendo dentro di me, già non sono più la stessa. Sulle mie spalle porto il peso della mia vita, della mia storia personale, una storia semi-perduta che adesso comincio a comprendere, a rispettare, ad apprezzare. La vita, la mia vita, è un tesoro, un tesoro da condividere…».

«Ieri mi sono seduto vicino a una fontana, e nell'acqua stagnante ho osservato il riflesso del mio volto: dimagrito, stanco. Era il mio volto quello che si rifletteva nell'acqua. Era la mia storia personale. La quiete dell'acqua stagnante mi ha fatto pensare alla pace. Per essere in pace ho bisogno di chetare le acque della mia vita ed essere come questa fontana, che offre la sua acqua senza chiedere a chi e senza aspettarsi denaro in cambio. Adesso so che dentro di me sgorga una fonte (non so bene da dove) che può aiutarmi a raggiungere la pace che mi permetta di condividere con gli altri…».

«Ho cominciato a camminare tra i dubbi. E sono quegli stessi dubbi che mi fanno svegliare ogni mattina con la speranza di incontrare qualcosa, un senso, una pace, un amore, non so bene cosa. Però a poco a poco, a ogni passo del cammino, scopro che la mia vita si va illuminando di una luce sconosciuta, è come se in un bosco selvaggio interiore qualcuno cominciasse a sfrondare le erbacce permettendo alla luce del sole di entrare. Adesso capisco, il mio grande errore è che finora non ho saputo curare il mio giardino interiore…».

«Tu sei, mio Dio, colui che mi fa uscire dal mio egoismo per fare della mia vita un luogo d'incontro, uno spazio sacro nel quale diventa possibile sognare la pace, la speranza, l'amore. Tu sei la mia vita…».

«Sento di essere un tutt'uno con la natura. Un essere diverso nella forma, ma unito con questo battito dell'esistenza che m'insegue, che mi circonda, che mi avvolge e mi fa sentire una gioia profonda, fino a versare lacrime di contentezza. Mi sento libero in mezzo ai campi, condividendo con gli altri ciò che sono e ho…».

«Durante la mia vita mi sono sforzato di essere libero, cadendo così nell'inganno della società consumistica. Credevo che la felicità consistesse nell'avere e nel dissimulare, ma scopro che tutto ciò porta solo al fallimento. Ho scoperto che la libertà non si dà, la libertà si ha, si è, si vive da dentro. Il mio essere si sente libero come il vento…».

«La vita è un lungo cammino che, come questo, alcune volte è in salita e altre in discesa. Camminare, camminare, questo è il compito dell'essere umano, l'unico modo di creare. E mentre si cammina si ama, s'impara ad amare, a sentire come propri i dolori altrui, a capire che la natura è la nostra casa comune…».

«C'è un tempo per ogni cosa. Ma è sempre tempo di vivere nella speranza, una speranza che va più in là delle apparenze e delle mere aspettative. È una speranza ribelle, che supera paure e qualsiasi resistenza. È sempre tempo di speranza, accada ciò che accada, la speranza vince…».

«Cercai fuori ciò che in realtà è dentro di me. Salpai per un viaggio di sensazioni ed esperienze "forti" fino a che naufragai e affondai. Ebbi la fortuna di arrivare a nuoto fino alla costa, e adesso, dal porto sicuro dell'autostima, intraprendo una nuova rotta nella mia vita».

«Ammirando il volo degli uccelli ho compreso che in realtà la vera libertà consiste nell'essere ciò che la natura ha stabilito che fossimo, imparando a vivere senza esagerare, volando se si è uccelli, camminando se si è uomini. Sono, e questo è il mio miglior biglietto da visita; sono una persona umana, niente di più e niente di meno…».

«Una volta lessi in un libro una citazione attribuita a un santo che affermava che la verità risiede nell'uomo interiore. Allora non la compresi, mi sembrava una frase vuota, ciò che importa – pensavo allora – è la vita esteriore con tutte le sue sensazioni; fino a che, alla fine, caddi bocconi nel pozzo della disperazione. Allora, sì, cominciai a capire, e adesso, camminando, posso affermare che la mia verità risiede nel mio essere interiore…».

Il silenzio è a volte più eloquente di questa tendenza moderna a riempire tutto di rumori. Taccio e lascio che queste frasi così "vive", nella misura in cui sono il riflesso di un'esperienza unica e indimenticabile di alcuni esseri umani, interpellino il mio essere. Non so come spiegarlo, ma mi sento in profonda comunione con questi pellegrini del passato che hanno avuto il merito di condividere il loro vissuto con altri pellegrini che seguono le loro impronte nella polvere del cammino. Siamo come un giardino interiore nel quale la nostra trascuratezza lascia crescere erbacce. Oggi capisco che devo essere il valoroso giardiniere del mio giardino interiore, per far sì che fiorisca e che dia buoni frutti.

LE FERITE DELLA VITA

da Castrojeriz a Frómista (25 km)

«Il perdono è la serenità della mente» (Mahatma Gandhi)

*L*ungo il cammino i pellegrini sono sempre di più, tutti con un proprio vissuto alle spalle, ciascuno particolarmente singolare. Certo, nel corso della giornata gli incontri sono sporadici e momentanei. La sera, però, giunti all'*albergue*, è possibile dedicare più tempo a quest'arte di aprirci agli altri, esercitando l'ascolto come un modo per forgiare amicizie ed essere solidali.

Questa sera mi sono fermato a chiacchierare un bel po' con Marga, una ragazza dall'aspetto fragile e dal parlare triste. Conversando sul cammino e sui suoi aspetti positivi, quasi senza riuscire a frenarsi ha cominciato a parlarmi di sé e della sua vita che, a suo parere, è un disastro. Aveva vari motivi per essere preoccupata: la sua situazione familiare non era stata tra le più adatte a favorire un'educazione e una crescita sane. Queste circostanze, perciò, l'avevano afflitta al punto di affermare: «La vita mi ferisce».

La conversazione amichevole e cordiale con Marga mi ha fatto concordare che sicuramente la vita a volte è crudele. Che non abbiamo scelto di far parte di questo "gran teatro del mondo" ma che tuttavia sappiamo di esistere e di dover dare un senso al nostro transitare su di esso, un mondo senza dubbio terribilmente ingiusto con molte persone. Ma allo stesso tempo (sulla base delle mie esperienze amare) ritengo che siamo più importanti, e anche più forti, delle nostre disavventure o delle nostre disgrazie. L'importante è come reagiamo e che peso diamo alle circostanze che ci affliggono. Ciò che per una persona è una tragedia, per un'altra non lo è poi così tanto. In questa vita il bene e il male sono cugini di primo grado, ed è per questo anche che cadiamo eccessivamente nel solito manicheismo, quando non addirittura in un relativismo così atroce da non essere più capaci di distinguere il bene dal male. Dentro di noi ci sono due fiere che reclamano il loro nutrimento: una è il male, l'altra è il bene. In base a quale decideremo di sfamare, così saremo, così sarà la nostra vita.

Molti dei miei amici se la stanno passando molto male per il fatto di non sapersi porre correttamente di fronte alla vita. Alcuni sono arrivati all'angoscia e alla depressione. So che siamo fragili, ma so anche che l'essere umano possiede in sé una serie di virtù che possono aiutarci a superare qualsiasi tipo di avversità. Il pericolo sta nel fatto che spesso il nemico lo abbiamo in casa: il nemico siamo noi stessi, l'io egoista che talvolta, e in forme diverse, si fa vivo come un bambino capriccioso del quale bisogna occuparsi costantemente. La nostra personalità è un insieme di qualità che, riunite e perciò rafforzate, imprigionano l'egoismo e ci fanno maturare in maniera equilibrata.

L'autostima è una medicina naturale che tutti dovremmo assumere con frequenza, come una vitamina. Apprezzarci, o meglio ancora amarci, è il miglior modo per trionfare sulle nostre passioni e frustrazioni. Se imparassimo ad amarci con intelligenza, con serenità, e sempre a partire dalla verità della nostra vita, vivremmo sicuramente più felici e faremmo più felici gli altri. Riconosco che si tratta di una scuola che dura tutta la vita, di un'arte in cui bisogna metter mano all'opera fin dall'infanzia. La vita, certo, ferisce, tuttavia abbiamo nelle nostre mani la possibilità di curare e di curarci.

E quello che scrivo lo sto dicendo a me stesso. Rispetto alla nostra auto-valutazione, determiniamo chi siamo. È ciò che oggi chiamiamo autostima, né alta né bassa, la giusta per essere realisti.

Una volta lessi un libro, di quelli che definiscono di "auto-aiuto", nel quale l'autore insisteva sul fatto che è assolutamente essenziale imparare a vivere da dentro, attraverso un costante dialogo con se stessi, cercando di produrre pensieri positivi generatori di speranza, come forma di rapportarci al mondo con la nostra personalità ben consolidata. I pensieri ci condizionano enormemente nella nostra capacità di percepire la realtà stessa. Se una persona vive chiusa in sé, non potrà godere dell'incontro con gli altri. Se rimugina costantemente pensieri negativi, la sua vita non potrà cambiare. Perciò è opportuno riorganizzare il nostro universo mentale, estirpando alla radice tutto quel complesso di pensieri e sensazioni negative che ci sminuiscono e ci intorpidiscono nel momento di andare incontro alla vita.

Per raggiungere questa meta, però, bisogna essere molto umili, bisogna sopportare molte frustrazioni, bisogna osare di più. Ammiro coloro che sono capaci di convivere con se stessi senza conflitti. Sicuramente la pace che trasmettono alcune persone è il frutto di una precedente lotta interiore. Sicuramente la simpatia di chi tratta gli altri con amabilità nasce dallo sforzo di essere anzitutto amabili con se stessi. Quello che semini raccoglierai, è una legge della vita. E per essere umili bisogna prima fare un esercizio di riconciliazione con il proprio io, con la propria storia, le proprie paure e frustrazioni, la propria intera vita. Mi rallegra sapere che Marga, dopo essere stata tanto ferita dalla vita, sta finalmente trovando la sua strada: «Adesso sto già meglio, mi sto riconciliando con me stessa» – mi ha detto, e me ne compiaccio. Dobbiamo curare le ferite della vita.

da Fromista a Carrión de los Condes (23 km)

LA SETE DEL MIO CAMMINO

«L'amore trova sempre il suo cammino» (Anna Frank, *Diario*)

*I*l caldo è aumentato nel corso di questa giornata. C'è stato un momento in cui la forza del sole era così intensa da spingermi quasi a lasciare il cammino. Lo stesso mi succede nella vita di tutti i giorni: quando la forza delle difficoltà è più tenace, mi assale sempre all'improvviso l'impulso di mollare tutto. Tuttavia c'è una forza interiore, una specie di voce continua che mi incoraggia a proseguire, a non cedere alla fatica per vivere a pieno i miei giorni. La vita stessa è una somma di prove che misurano la nostra maturità interiore.

Verso le due del pomeriggio, quasi disidratato per la fatica, ho deciso di fermarmi a riposare sotto alcuni alberi, le cui fronde promettevano un certo sollievo all'affaticato viandante. Ho mangiato qualcosa e, ovviamente, bevuto a sazietà. Ho messo lo zaino a mo' di cuscino e, leggendo alcuni passi del libro regalatomi da Rufino, sono caduto in un sonno profondo. Al risveglio, quasi per inerzia mi sono rimesso lo zaino, al quale sono ormai abituato. Mi verrebbe quasi da dire che la mia schiena ne sente la mancanza, quando non lo porta su di sé. Ho ricominciato a camminare con la mente concentrata sull'obiettivo di arrivare all'*albergue*, farmi una bella doccia e riprendere fiato.

Di nuovo in strada, mi sono accorto che la borraccia era vuota; secondo la mia guida, la fonte più vicina distava circa dieci chilometri, il che nel linguaggio del pellegrino significa più di due ore di cammino, di buon passo. In quell'istante la mia vita si è ridotta a un pensiero quasi ossessivo: ho bisogno d'acqua. Non ho mai avuto una consapevolezza così chiara dell'importanza di questo elemento per la nostra sopravvivenza. Ho pensato quindi a tutte le persone per le quali l'acqua è un bene irraggiungibile. La polvere del cammino mi entrava sempre più in bocca, fino alla gola. In questi momenti tutto diventa relativo, importa solo la vita, e l'unica cosa è cercare di dare all'organismo ciò di cui ha bisogno per funzionare correttamente. La vita stessa, da un'altra prospettiva, la si considera più profonda e significativa. A un certo punto mi sono sorpreso a pregare, rivolgendomi a Dio come se stessi parlando a un amico. E ho capito che la fede ha molto a che vedere con la vita, con l'indigenza, quando l'essere umano scopre la sua fragilità. Comprendo ora più che mai la frase: «Se non ritornerete come bambini non entrerete nel regno dei cieli». È il mistero della piccolezza, della nostra piccolezza.

Dopo circa due ore di cammino disperato alla ricerca di una fonte, sono finalmente arrivato a destinazione. A circa 50 metri di distanza, ho visto un rigagnolo d'acqua che scorreva allegro attraverso un tubo e cadeva con forza in una specie di grande recipiente in pietra. Non mi sono messo a correre, non mi sono lasciato trasportare dall'ansia di bere. Era stato uno sforzo così intenso che non si poteva non godere del bottino conquistato. Il ritrovamento meritava una cerimonia di omaggio all'acqua. Serenamente, mi sono liberato dello zaino, ho contemplato l'acqua e, come se le stessi parlando, in silenzio, ho bevuto un sorso. Era fresca, deliziosamente fresca. Il suo mormorio, nel cadere, era come musica alle mie orecchie. Ho bevuto fino a saziare tutta la sete accumulata e, riempita la borraccia, mi sono seduto vicino alla fontana, ringraziandola per la sua compagnia. Forse riconoscenza è la parola che meglio definisce i miei sentimenti in quel momento, in cui un uomo si è sentito più che mai vivo. La vita è molto semplice, a volte basta un poco d'acqua per essere felici.

La sete del cammino non è che la punta dell'iceberg di una sete ancora più intensa. Fin da giovane, sento dentro una specie di inquietudine, una pulsione innata, un formicolio che mi porta a credere che ci dev'essere un alimento in grado di saziare la nostra ansia di felicità. Che sia Dio la risposta? A tutt'oggi, però, non sono riuscito a individuare quest'acqua che soddisfa la nostra sete esistenziale. Ricordo che, anni fa, andai in una casa gestita dalle Sorelle della Carità di Madre Teresa di Calcutta. Mentre aspettavo di essere ricevuto dalle suore, stavo seduto sopra un materassino sul pavimento della cappella della comunità. Una cappella povera, senza fronzoli, semplicemente accogliente, come le Sorelle stesse. Nella parete centrale, dietro un piccolo altare, campeggiava un'iscrizione in inglese: «Ho sete». Più tardi le Sorelle mi spiegarono che per loro è una specie di motto che riassume la loro missione. Sono parole che i vangeli mettono in bocca a Gesù sulla croce. In esse è riflessa tutta l'indigenza umana. Per questo le Figlie di Madre Teresa vi leggono un invito ad andare per il mondo cercando di saziare quella sete, una sete che per loro non è solamente fisica ma anche spirituale. Oggi ho capito meglio cosa vuol dire avere sete e che cos'è la solidarietà, o carità (come loro preferiscono dire).

L'acqua è un simbolo della solidarietà. Senza non possiamo vivere; essa si lascia prendere per conservare viva la fiamma della felicità dell'uomo, che viene reso saldo e forte da questo elemento essenziale alla vita stessa.

«Ho sete». Adesso comprendo meglio cosa significa avere sete e come questa necessità debba essere uno stimolo interiore a lavorare per saziare la sete degli altri. Mi sento vicino a Madre Teresa. Assaporo, medito, ringrazio la preghiera che provvidenzialmente trovai sotto le cupole della cattedrale di Burgos. In Teresa si è manifestato il più lodevole degli esseri umani, nella sua capacità di amare, di rendere possibile la tenerezza per chi soffre la malattia e l'abbandono. Il mondo nel quale viviamo sarebbe molto diverso se ci fossero anche solo una manciata di "Terese" al servizio dell'amore e della pace. La sete del cammino è stata una lezione di vita che non dimenticherò mai. Lo conferma una scritta stampata su un foglio appeso alla bacheca degli avvisi dell'*albergue* dove trascorro la notte: «Il Cammino ti va formando da dentro come un maestro che ti aiuta a conoscerti meglio, spogliandoti di ogni apparenza e menzogna. In queste circostanze anche il non credente finisce per dialogare con se stesso, senz'altra ambizione che di restare solo con l'essenziale, in cerca della sorgente della felicità». E in un istante della mia vita ho sognato che la felicità è una sorgente di acqua pura che sazia la sete del mio cammino.

GLI OCCHI DEL CUORE

da Carrión de los Condes a Sahagún (35 km)

«L'allegria ci meraviglia. Essa ci fa scoprire risvegli poetici in ogni stagione, tanto nei giorni di piena luce come nelle notti gelide dell'inverno» (Taizé)

Ogni giornata del mio cammino, della vita stessa, comporta un'opportunità inestimabile di aprirmi al dono della vita con l'animo dell'avventuriero, che non evita i pericoli ma sa che proprio nell'avventura sta la sua ragion d'essere, la sua passione, la sua gloria e anche la sua delusione. La vita è un insieme di gioia e tristezza, di luce e ombra. È un paradosso continuo tra bene e male, giorno e notte, grande e piccolo. La vita è per definizione un mistero che pian piano penetriamo, allo stesso modo in cui un bambino che gioca a nascondino scopre man mano nuovi rifugi dove attendere fino a che colui che lo cerca lascia sguarnita la "tana".

Senza dubbio il meglio del Cammino, al di là della natura, dei paesaggi o dell'arte, sono le persone. Ognuno con la sua vita, la sua storia personale alle spalle, ognuno con le proprie sofferenze e ferite, e con le proprie speranze. Fin dall'inizio mi sono imbattuto in persone al servizio dell'incontro e della solidarietà, dal pellegrino "navigato" fino al paesano che con grande semplicità offre un saluto e un bicchiere d'acqua. In questi giorni ho già assaporato il dono della relazione umana e fraterna con molte persone. Alcune di loro sono già entrate a far parte del mio personale album del cuore. In esse ho visto riflesso il meglio della condizione umana, e ho anche rivisto coloro che fanno parte della mia vita: la mia famiglia, i miei amici. Tutti insieme stiamo facendo la storia dell'Umanità. Tutti, in qualche modo, siamo protagonisti nel gran teatro del mondo.

Oggi ho conosciuto una persona eccezionale. Si chiama Carlos, un pellegrino di Toledo che desiderava fare il pellegrinaggio da molto tempo. Carlos cammina con difficoltà. Quando l'ho visto, ho intuito subito che qualcosa non andava. Mi ha raccontato che una tendinite stava cercando di arrestare il suo sogno e che un medico gli aveva raccomandato di tornare a casa e riposare. Ma la sua forza mentale gli impediva di salire su un autobus e di rientrare. Era disposto a continuare finché il corpo avesse resistito. Ho notato anche che aveva un difetto agli occhi che sicuramente lo condizionava quando c'era da camminare tra le pietre, rischiando di cadere. Il Cammino è come la vita stessa, non mancano mai pietre d'inciampo.

Per un tratto ho accompagnato Carlos e il suo compagno Ricardo. Insieme hanno deciso di realizzare questo sogno comune. Carlos parlava con grande emozione di ciò che il Cammino gli stava dando. Godeva di ogni istante come un bambino gode della vita al suo inizio. Per lui tutto era nuovo e sorprendente. Era particolarmente sensibile al rumore del vento che accarezza le cime degli alberi e alla sinfonia degli uccelli. Assaporava la vita con grande intensità e parlava della sua esperienza di pellegrino come di chi racconti un grande successo professionale o accademico. C'era un segreto profondo in quel modo di contemplare con bontà e riconoscenza tutto ciò che lo circondava. Alla fine l'ho scoperto: Carlos è cieco.

Saputolo, non la smettevo di mostrare la mia sorpresa per la destrezza di cui dava prova nel camminare. Ricardo, il suo fedele amico, era la sua "guida per ciechi" personale; camminava sempre al suo fianco, un passo avanti, in modo che Carlos potesse intuire i dislivelli del terreno semplicemente sfiorando con il gomito il braccio dell'amico. Una nuova forma di solidarietà espressa senza troppe parole su questa via dell'incontro e del servizio. Per alcuni istanti ho camminato insieme a lui, dimostrando che effettivamente era capace di seguire la direzione solo percependo la mia presenza al suo fianco. Se il mio corpo incontrava un ostacolo che richiedeva di alzare il piede più del solito, lui lo sentiva subito, e istantaneamente alzava il suo. La capacità umana di superarsi è impressionante.

Arrivati all'*albergue*, ho potuto anche constatare come attraverso il tatto Carlos sia capace di sistemare lo zaino, il sacco a pelo e tutto ciò di cui possa aver bisogno in un dato momento. Sentendolo parlare al termine della giornata ho provato un brivido. Con un registratore in mano faceva un riassunto di quello che aveva vissuto. Mi ha emozionato sentirlo dire: «Abbiamo visto». Le sensazioni sperimentate e i battiti del suo cuore sensibile erano sufficienti per constatare quante bellezze avevano popolato il tragitto. Ho capito davvero che la bocca parla di ciò di cui abbonda il cuore: «Abbiamo visto alcuni alberi preziosi che ci accarezzavano e con la loro ombra ci davano sollievo dal caldo». Mi ha chiesto anche, come prova di avermi conosciuto, di registrare la mia voce in quel documento sonoro, il diario del suo cammino.

La vita non smette di insegnarci e di indicarci sentieri per la nostra felicità. Carlos ha realizzato il miracolo di godere del paesaggio senza vederlo fisicamente. Non ha permesso all'oscurità di popolare il suo mondo interiore. Il suo volto irradia gioia di vivere. Gli esseri umani hanno questa rara virtù di contagiarsi reciprocamente. Nello stesso modo in cui si propagano le malattie, si propagano anche le sensazioni positive. Ciò che hai è quello che puoi offrire. La meschinità genera meschinità e offre lo stesso tipo di merce. Condividere non è solo invitare ogni tanto alcuni amici a casa propria, è esercitare costantemente la generosità, offrendo pace, amicizia, un sorriso, una carezza, un saluto. Ferisce che questa generazione stia perdendo di vista questi valori umani che nel Cammino diventano del tutto naturali, al punto che preoccuparsi per gli altri diventa quasi spontaneo.

Dovremmo imparare a contemplare la vita dal profondo del cuore, senza paure né complessi. Ma per farlo bisogna prima avere il coraggio di andare più a fondo, di restare soli con noi stessi per conoscerci di più e meglio. L'essere umano è capace di commettere grandi errori desistendo da questo compito di conoscersi meglio. Ci diamo da fare per le cose esteriori, estranee alla nostra persona, e finiamo per constatare che la vita ci supera, se non siamo stati cauti quando era il momento di incanalarla e di indirizzarla. Molto odio emerge dalla selva trascurata del nostro essere interiore. Saggio è chi si dedica a curare la sua interiorità, tanto quanto noi curiamo il nostro aspetto esteriore. Sicuramente nel Cammino si impara a prescindere dalle apparenze. Gli specchi sono superflui. Non importa l'aspetto del tuo corpo ma il palpito del tuo cuore, del tuo intimo essere.

Per fortuna, nel cammino della vita non manca mai un "Carlos" amichevole, allegro e profondo che ci fa riflettere sul valore di un'esistenza liberata dalle sue schiavitù più comuni. Imparare a contemplare la vita in profondità è l'essenza stessa della mistica, intesa come esperienza palpabile del battito del cuore universale che molti hanno chiamato Dio. Chiudo gli occhi, e nell'oscurità fisica scopro che sono un essere vivente al di là delle apparenze. Sono spirito, una creazione minuscola nell'universo, ma con una tendenza innata al superamento, alla pacificazione, all'auto-trascendenza. Nel silenzio del cuore contemplo un bel paesaggio popolato di pace e speranza. E meditando mi lascio cullare dal sonno: la notte fuori invita a rigenerarci nel riposo che ridà forza. Domani sarà un altro giorno per contemplare con gli occhi del cuore.

da Sahagún
a Mansilla
de las Mulas
(30 km)

LA VITA
FA MALE

«Ogni avvenimento doloroso racchiude in sé un seme di crescita e di liberazione» (Anthony de Mello)

*D*opo diciassette giorni di pellegrinaggio il corpo è in grado di adattarsi a qualunque situazione e avversità. I dolori vanno e vengono, ma si arriva a un punto in cui ci si convive come con se stessi. La sofferenza mi ha fatto pensare ai milioni di persone per le quali la vita è un cammino costantemente in salita, un grande fardello sulle spalle, una piaga aperta che induce alla disperazione. Suppongo che tutto questo vada ascritto a ciò che solitamente chiamiamo mistero. Sono convinto anche che l'essere umano dedito alla solidarietà sia capace di far sì che queste situazioni infelici si trasformino in scampoli di vita piena. Ma perché ciò sia possibile, bisogna che il cuore sia molto generoso, e allearsi contro l'ingiustizia.

Da bambino la mia sensibilità era ferita dal contatto con la sofferenza. La mia ribellione vitale mi portava a rifiutarla e a sognare un mondo – in questo senso – migliore, nel quale nessuno soffriva. La frustrazione davanti all'evidenza mi portò anche a scontrarmi con il Dio delle mie preghiere infantili, che sembrava impassibile di fronte a tanto pianto e amarezza. Ormai adulto, concepii l'idea, il più delle volte ritenuta impossibile, che non dobbiamo rassegnarci, ma lottare con le nostre forze e con destrezza contro tutto ciò che minaccia la nostra esistenza. E se già mi costa comprendere il perché delle malattie, molto di più mi costa credere che ci siano esseri umani capaci di causare intenzionalmente al loro prossimo ogni genere di sofferenze.

Non capirò mai come si possa far valere l'argomento della guerra come soluzione per i conflitti tra i popoli. Ogni forma di violenza è la peggior espressione possibile della nostra umanità, anche se ogni volta mi convinco sempre più che la società dei consumi si sta trasformando in un affare lucroso per alcuni individui. I potenti continuano a costruire il loro benessere sullo sfruttamento dei meno fortunati. La sete di potere finisce sempre col generare violenza, e la violenza distrugge e ci disumanizza. Ma esiste una forma di guerra atroce che è un autentico genocidio di massa: la fame. Ricordo che, da piccolo, le immagini dei bambini affamati dell'Africa mostrate dalla televisione mi impaurivano. Purtroppo le cose non sono cambiate, e forse ciò che è peggio è che ci stiamo abituando al fatto che sia così. Facilmente ricorriamo a quel ragionamento vacuo del: «Ma io, cosa ci posso fare?!».

Siamo responsabili dell'esistenza umana nella misura in cui interagiamo nel mondo. Abbiamo la possibilità di fare nostra la causa dei più bisognosi reclamando un mondo più giusto. Ammiro la testimonianza di uomini come Mahatma Gandhi che, col suo impegno personale e la sua attitudine non violenta, fu capace di incoraggiare molti a sovvertire una situazione sociale di discriminazione. Ammiro uomini come Vicente Ferrer che ai nostri giorni sono stati capaci di rendere molte persone padrone del proprio destino, facendole uscire dalla miseria cui erano condannate da un sistema di casta anti-umano. E come dimenticare Madre Teresa di Calcutta, un'altra di quelle figure che dovrebbero farci vergognare e al tempo stesso darci speranza? Vergogna perché la nostra vita tende a essere comoda nel suo egoismo, e speranza perché una donna minuta ci dimostra che basta un po' d'amore per smuovere la montagna di prostrazione di milioni di esseri umani, aiutandoli a recuperare la loro dignità quando nessuno ha nemmeno il coraggio di guardarli.

Con molto poco si costruisce molto. Basta un po' di buona volontà, l'intelligenza umana farà il resto, contro qualsiasi ostacolo. È possibile una nuova Umanità, un nuovo umanesimo basato sul rispetto dei diritti essenziali propri alla dignità umana. Ma è qui, come già dicevano gli autori classici, che deve prodursi una nuova lotta tra la luce e le tenebre. Una lotta che comincia dentro di noi, perché la nostra inclinazione a cercare il nostro profitto è sempre in agguato. Anche camminando si soffre, si lotta, si produce una specie di contrasto tra il meglio di sé e l'inclinazione per ciò che è facile, comodo. Il Cammino aiuta a disinteressarsi di ciò che è superficiale e fittizio. Ma non senza lottare, senza frustrazioni né difficoltà. Non sarebbe una cattiva idea se i potenti della Terra venissero a fare l'esperienza del Cammino, l'esperienza di sentirsi fragili. Imparerebbero a essere più liberi e, da questa libertà di coscienza, a essere più giusti e solidali.

Al tramonto, mentre alcuni uccelli planano nell'aria rinfrescandosi dopo la calda giornata, mi scopro a pregare di nuovo, in silenzio, senza parole, e sento di essere un battito del cuore universale. E per un istante sento come miei i patimenti di coloro che soffrono in questo preciso istante della storia. Imparare ad amare, forse è questo il segreto per vincere la debolezza e la frustrazione. E tra i crocifissi della storia mi viene in mente Gesù di Nazaret, espressione viva della sofferenza atroce inflitta dalla crudeltà di alcuni, e al tempo stesso speranza di una nuova Umanità solidale o, come direbbe Francesco d'Assisi, fraterna. Quando la vita pesa… non resta che amare e avere fiducia. La speranza sorgerà di nuovo, anche se la vita fa male.

da
Masillas
de las Mulas
a León (20 km)

LO SPLENDORE DELLA BELLEZZA

*«Quando le cose non vanno bene, non c'è niente di meglio
che chiudere gli occhi ed evocare una cosa bella»* (André Maurois)

Il mio cammino di oggi si è concluso in una città dai profondi echi storici: León. Sapevo che il cuore della città è un gioiello del gotico, per questo ho camminato di buon passo: volevo avere abbastanza tempo per visitare la cattedrale, chiamata con ragione "Pulchra leonina". Il cammino stesso mi ha condotto davanti alla facciata magnificamente slanciata, con le torri a sfiorare il cielo. L'ingresso è davvero impressionante, con i suoi archi in pietra da cui rigide figure sembrano guardare il passare dei secoli e i moderni pellegrini, confrontandoli sicuramente con quelli che transitarono prima di loro. Credo che forse ne sia cambiato l'aspetto (in eccesso) ma non il cuore, che oggi come ieri è il motore che muove le gambe, sempre alla ricerca di una meta verso Occidente.

Nella colonnina divisoria del portale c'è una riproduzione in pietra dell'immagine della Vergine Bianca. Ormai ho perso il conto di tutte le chiese davanti alle quali sono passato, o anche entrato, dedicate a Maria. Doveva avere una forza davvero speciale questa donna, per aver lasciato impresso il proprio nome in tanti luoghi.

In qualche modo lei, espressione di ciò che c'è di più bello, è come un angelo che, consapevolmente o meno, accompagna l'incedere talvolta allegro, quasi sempre stanco, del viandante alla ricerca di nuove patrie, nuove madri, nuove accoglienze. Ricordo mia madre, e tutte le madri del mondo, specialmente quelle che vivono la tragedia di aver perso un figlio. E penso anche alla vita stessa in tutte le sue espressioni, una vita che per l'uomo si genera nelle viscere di una madre.

Sulla medesima facciata c'è un'iscrizione in lettere gotiche che recita: *locus appellationis*. Suppongo che si riferisca al fatto che questo luogo, essendo santo, gode di immunità, non può essere violato. Abbiamo un po' tutti la necessità di un luogo così, di creare spazi nella nostra vita che ci permettano, anche solo per un istante, di essere immuni da ogni aggressione, soprattutto in questa società frenetica che ci assale a suon di fulmini che ci avvolgono e accecano. Con questi pensieri sono entrato nella cattedrale, quasi come chi lo fa in punta di piedi per non macchiare un tappeto pulito, e lì il cuore ha subìto come un colpo, un sussulto nel sentirsi abbracciato da un fascio di luce policroma, come se dall'oscurità più nera fosse sorta l'aurora di un giorno radioso. Le vetrate della cattedrale sono uno spettacolo impressionante che ferisce di bellezza la sensibilità di chi cerca la luce nella propria vita.

Non so per quanto tempo il mio sguardo sia rimasto rivolto verso l'alto, cercando di catturare ogni singolo raggio di luce colorata. È sorprendente come la luce del sole sia capace di riempire lo spazio di luminosità, e come l'essere umano sia stato capace di servirsi di un'energia naturale per creare forme artistiche e farle brillare in un infinito di colori che celebrano la festa della bellezza. Abbiamo bisogno di luce, di molta luce, di lasciare che il sole ci illumini da dentro, ed essere anche noi come una vetrata che si fa illuminare, lasciandoci attraversare dalla luce del sole affinché possiamo disperderci in un arcobaleno di colori. La bellezza dev'essere qualcosa di simile, un'esplosione di generosità al servizio del viandante che passa, dare luce senza preoccuparsi a chi la si offre, proprio chi ne ha meno è colui che più ne ha bisogno, anche se non sempre la merita. La vita naturale è gratuità pura.

Mi sono seduto per un istante, e nel silenzio ho cercato di memorizzare questa luce per fissarla tra i miei ricordi migliori. Mi sono sentito pieno di vita, pervaso da una sensazione di pienezza sconosciuta. Ho pensato agli altri pellegrini, a quelli che mi precedono e a quelli che mi seguono: anche loro hanno avuto, o avranno, l'opportunità di accogliere questa luce, se non mancheranno di entrare in questo tempio che nei giorni di sole è come una sorgente di luminosità. Mi è venuto in mente Rufino e la stampa di san Francesco che mi ha regalato insieme al libro. L'ho cercata tra le mappe del cammino in una della tasche dello zaino, ed eccola lì. Su un lato, in penombra, si scorge la figura stilizzata di un uomo con una tunica, con le braccia aperte come a voler stringere il sole, un immenso sole nascente all'orizzonte. Sull'altro, una preghiera intitolata *Preghiera della pace*. L'ho letta con calma, assaporandola a voce bassa:

Oh Signore, fa' di me uno strumento della tua pace;
dove è odio, fa' che io porti l'amore,
dove è offesa, che io porti il perdono,
dove è discordia, che io porti l'unione,
dove è dubbio, che io porti la fede,
dove è errore, che io porti la verità,
dove è disperazione, che io porti la speranza,
dove è tristezza, che io porti la gioia,
dove sono le tenebre, che io porti la luce.

Maestro, fa' che io non cerchi tanto di essere consolato,
quanto di consolare,
di essere compreso, quanto di comprendere,
di essere amato, quanto di amare.
Perché è dando, che si riceve,
perdonando, che si è perdonati,
morendo, che si resuscita a vita eterna.

E adesso, al calar della notte, contemplo questa preghiera datami dal mio amico Rufino, e non smetto di provare un po' di nostalgia nel sentire che forse la pienezza che ho sperimentato nella cattedrale si disperderà a colpi d'oblio. Camminando per le vie di León, nel passare nuovamente davanti alla facciata della cattedrale, ora chiusa, mi chiedo che cosa stiano facendo adesso i personaggi delle vetrate: forse si staranno riposando anche loro dalla fatica di tingere di bellezza il giorno. Domani il sole sorgerà di nuovo, e le vetrate si desteranno dal loro sonno secolare fin dalle prime luci dell'alba. Nasca così, quando la notte sarà più intensa e oscura, la luce di un nuovo giorno nel mio essere, lo splendore della bellezza.

da León a Villadangos del Paramo (21 km)

L'ARTE DEL CAMMINO

«Non si può insegnare niente ad un uomo: lo si può solo aiutare a trovare la risposta dentro se stesso» (Galileo Galilei)

Fin da bambino amo l'arte, espressione della genialità umana, sintesi perfetta tra cuore e mente, anima e intelletto. Ammiro i grandi capolavori dell'arte universale, ma mi sforzo sempre di vedere più in là delle apparenze, cercando di captare lo spirito, quello che non si vede ma è latente nell'essenza dell'opera. In un certo senso siamo tutti artisti della nostra stessa vita, poiché solo a noi spetta l'arduo compito di cercare di fare del nostro esistere un capolavoro o, per lo meno, un'umile opera che possa lasciare la nostra impronta positiva nella storia dell'Umanità. Nel cammino mi sono imbattuto in opere d'arte straordinarie. Forse ciò che più mi ha colpito è stata l'architettura e la scultura romanica. In qualche modo, il Cammino francese verso Santiago è un museo d'arte romanica a cielo aperto. Non so quante chiese romaniche abbia già visitato lungo il percorso, ma tutte e ciascuna racchiudono in sé un alone di misteriosa bellezza.

Il romanico è innanzitutto una filosofia di vita, un'interpretazione del mondo con una propria simbologia, un modo di comprendere la fede. Il romanico è l'arte del Cammino, l'espressione litica della fede che mosse tanti cuori a uscire da se stessi in cerca di traguardi più elevati. Entrando in un tempio romanico ho l'abitudine di chiudere gli occhi: l'austerità è uno stimolo a trascendere lo spazio e il tempo, e a lasciarsi pervadere dalla spiritualità che lo rese possibile. L'edificio romanico è prima di tutto una casa che accoglie, un tetto che ripara, per questo la sua monumentalità non deve essere misurata a partire dalle dimensioni: ciò che conta è il raccoglimento, ridurre gli spazi affinché lo sguardo non si perda divagando. Il gotico sì, è linea ascensionale, altezza al servizio della bellezza, luce che parla di Dio. Il romanico è silenzioso, sobrio, sereno. Per comprenderlo, però, bisogna prima fare un'esperienza di svuotamento. Il romanico è un libro aperto che tocca a te scrivere. L'immaginazione al servizio della saggezza e della fede.

Ricordo che quando ero studente rimasi colpito da una parola greca per ciò che suggeriva il suo significato. La parola è *mayeuta*, che letteralmente significa "ostetrica", in allusione alla donna (levatrice) che aiutava altre donne nel momento critico del parto. Socrate utilizzò questa immagine come pedagogia sapienziale. Così, come una donna ne aiuta un'altra al momento di partorire, un maestro di vita ci deve aiutare a dare alla luce la nostra verità, da noi stessi, senza sperare che nessuno lo faccia per noi. Il *mayeuta* provoca, interroga, aiuta colui che accompagna a risolvere le questioni fondamentali da solo, con i propri mezzi. Per far ciò, tuttavia, bisogna essere coraggiosi e arrischiarsi ad accettare l'incontro col proprio io al limite stesso del nulla, della vacuità. In qualche modo i templi romanici sono come *mayeuta* che ci aiutano a interiorizzare, rifugiandoci in una valle di serenità nella quale poter contemplare la nostra vita, le sue luci e le sue ombre. È come se all'interno fossimo un tempio romanico al quale bisogna accedere per rivelare il mistero della nostra esistenza.

Viviamo eccessivamente proiettati verso l'esterno, come se stessimo girando intorno a noi stessi, senza voler penetrare nel nucleo del nostro essere. In questo senso il Cammino mi sta aiutando a compiere un processo d'interiorizzazione, di auto-conoscenza; sto imparando a riconoscermi e ad apprezzarmi, man mano che riconosco e apprezzo tutto ciò che accade intorno a me. Se non fosse così, cadrei nel grande errore di vivere nel superfluo, senza arrivare a sperimentare la vita stessa in tutta la sua profondità. San Francesco d'Assisi aveva ben chiaro il suo centro: il cuore che vivificava il suo essere era Dio. E tutta la sua vita girò intorno a quest'unica certezza.

È curioso. Alcuni pellegrini parlano del Cammino come di un'esperienza della presenza di Dio. Una ragazza è arrivata addirittura a dirmi che lei segue Gesù Cristo, sua «via, verità e vita». Tuttavia la maggior parte prova un certo imbarazzo nell'interrogarsi sulla vita in un'ottica di fede. Ma anche così non possono che constatare che il Cammino di Santiago li sta segnando dentro, lasciando un'impronta che loro stessi non sanno definire. Ricorrono allora a concetti come arte, sport, cultura, vacanze, turismo; nell'aria però aleggia sempre un eco misterioso che mi fa pensare che il pellegrino è, siamo, prima di tutto cercatori di senso, donne e uomini che hanno bisogno di trovare un fondamento solido per la propria vita.

La forza evocativa del romanico ci colloca tutti in un'orbita distinta da quella terrena. Ho parlato con alcuni pellegrini della mia passione per il romanico, delle sensazioni provate in queste chiese: più di uno ha assentito e, senza saper spiegare né come né perché, mi ha raccontato di aver avvertito a sua volta qualcosa di molto speciale, d'indefinibile. Le antiche pietre si fanno anche pedagogia di speranza per il pellegrino aperto alla vita, disposto a imbeversi come una spugna della ricchezza di questo itinerario millenario. Gli sguardi ieratici delle sculture romaniche celano dietro di sé un mistero. I loro volti sono l'espressione stessa dei nostri volti. È come se lì, nella rigidità della pietra, fossero scolpiti i nostri volti. Il simbolico si conforma alla vita stessa, dovremmo imparare a leggere i messaggi della natura, dell'arte e della storia non meno che il messaggio della spiritualità.

Parlando con lui dell'umano e del divino, un pellegrino mi ha confessato che stava vivendo qualcosa di molto speciale lungo il cammino, qualcosa che non aveva mai provato in vita sua. Mi ha messo tra le mani il libro che stava leggendo, aperto su una pagina nella quale ho potuto leggere una citazione attribuita a sant'Anselmo d'Aosta: «Oh uomo, pieno di miseria e debolezza! Esci un momento dalle tue preoccupazioni abituali: appàrtati un istante lontano dal tumulto dei tuoi pensieri; getta lontano da te le preoccupazioni opprimenti, allontana da te le tue inquietudini. Cerca Dio un momento, sì, riposa almeno un momento nel suo seno. Entra nel santuario della tua anima, appàrtati da tutto, eccetto che da Dio e da ciò che può aiutarti a raggiungerlo; cercalo nel silenzio della tua solitudine. Oh, mio cuore! Di' con tutte le tue forze, di' a Dio: cerco il tuo volto, cerco il tuo volto, oh Signore!».

Cercare, cercare, siamo cercatori di pace e di speranza. Questa è la vera arte del Cammino.

da Villadangos
del Páramo
a Astorga
(29 km)

LA FORZA DELL'AMORE

«L'amore è la miglior musica nella partitura della vita. Senza di esso sarai un eterno stonato nell'immenso coro dell'umanità» (Roque Schneider)

L'amore è uno dei tratti umani più belli e al tempo stesso il più sconcertante. Fin dal seno materno siamo portatori della necessità innata di amare ed essere amati. Il processo naturale della gravidanza è possibile, ed è un autentico miracolo, grazie a una madre che permette che la vita sorga da un pezzo di sé. Una delle più grandi malattie di questa nostra società è la mancanza d'amore, di amore vero, non di quell'inganno che in realtà si chiama egoismo, desiderio di possesso più che amore intimo, tenero, comprensivo. Chi ama lo fa in modo universale, anche se poi lo concretizza con persone a lui vicine. L'amore è una forza tale da provocare una rivoluzione del cuore, fa sì che le persone si umanizzino e producano il frutto più illustre della nostra condizione: la bontà.

Questa mattina ho trascorso un po' di tempo con Paula e Modesto, una coppia di giovani sposi galiziani che hanno avuto la bella idea di fare la loro luna di miele camminando. Mi hanno detto che in qualche modo questo cammino è il simbolo del loro amore, un percorso che iniziarono insieme e che insieme vogliono coronare, sostenendosi a vicenda, consapevoli della bontà del detto popolare "l'unione fa la forza". Si guardavano, si sorridevano, si tenevano per mano. Paula crede che l'amore sia il più grande monumento che l'essere umano abbia potuto innalzare, che l'amore curi molte malattie, a cominciare dalla solitudine e dall'abbandono. Modesto assicurava che la libertà è essenziale nella convivenza, la libertà unita al rispetto. L'amore moltiplica, non sottrae né divide. Si vedeva che sono molto felici; mi hanno detto di aver deciso di fare il Cammino perché vogliono che il loro amore sia manifesto, e non desiderano imballarlo o conservarlo come in un flacone perché non si sparga. Inoltre stanno entrambi pensando di dedicare i prossimi anni della loro vita a costruire una cultura di pace e d'amore, convinti che Dio li chiami a diffondere speranza.

Mi hanno raccontato di come avessero deciso di celebrare il loro matrimonio facendone un motivo di gioia intensa per tutti i presenti. Un'occasione di festa che ha fatto riflettere molti sulla possibilità di una vita vissuta con profondità. In realtà, questo non era il loro primo pellegrinaggio: fu proprio camminando, infatti, che si conobbero alcuni anni fa, giusto alle porte della città di Santiago. Il Cammino opera il miracolo dell'incontro a partire dalla condivisione, sudando insieme. Condividere la stessa meta unisce molto, finanche a generare l'amore. Paula e Modesto inaugurarono la loro vita insieme camminando; per questo adesso, a memoria di quell'inizio, hanno deciso di continuare a camminare, procedendo insieme agli altri pellegrini della vita, camminando sempre verso un orizzonte di speranza che ora incombe sul Páramo Leonés.

Non smetto di stupirmi. Al giorno d'oggi, in cui l'amicizia si corrompe a causa di oscuri interessi e per smania di fama e potere, due giovani decidono di unire le loro vite con il vincolo dell'amore per farle crescere, condividendole con gli altri. L'amore è un mistero, forse il più bello di tutti. È anche una sfida, un impegno serio con la propria coscienza e con gli altri. Ammiro tutte quelle persone che sono riuscite a vincere la schiavitù delle passioni e si sono consacrate a una causa per puro amore verso il prossimo.

Oggi comprendo meglio le parole che udii da bambino a catechismo: «Gesù si consegnò per amore». La vita di Gesù Cristo è espressione viva di un amore impegnato fino all'estremo: «Amatevi gli uni gli altri come io vi ho amati». Mi rendo conto sempre di più che solo l'amore può salvare l'uomo contemporaneo dal cadere nell'abisso del nulla, nel vuoto più profondo, nella frustrazione più assoluta. La Bibbia definisce Dio come Amore… Dio è amore, Dio è amore, continuo a ripetere questa frase come una preghiera senza fine. Ma allora, perché l'essere umano si ostina a cavalcare l'odio che genera ogni tipo di violenza? Suppongo che anche questo sia un mistero. La vita stessa è un puzzle che dobbiamo ricomporre, anche se adesso non abbiamo tra le mani i pezzi necessari.

Ricordo che la mia amica Teo, quando stava preparando le sue nozze con Juan, lesse un testo di un autore orientale che aveva una grande conoscenza del mondo occidentale: Khalil Gibran. Si tratta di una specie di inno all'amore contenuto nel suo *Il Profeta*. Tempo dopo mi capitò tra le mani questo libro e, nel leggere quel testo, ripensai a Juan e Teo, e a tutte quelle persone che si amano e sono capaci di contemplare la vita dalla profondità del cuore. L'amore muove il mondo perché muove i cuori. Ma ancora ne manca per rendere possibile la rivoluzione dell'amore. Un amore intelligente, alleato con la bontà e la solidarietà. Un amore che è una conquista costante e decisiva per l'Umanità. Gibran lo seppe esprimere molto bene in quel testo, che mi sono portato dietro come compagno di cammino. Dell'amore matrimoniale dice:

Amatevi con devozione, però non rendete l'amore una prigione. Fate dell'amore un mare in movimento tra le rive delle vostre anime. Riempitevi a vicenda le vostre coppe, ma non bevete dalla stessa. Condividete il vostro pane, ma non mangiate dallo stesso pezzo. Cantate e danzate insieme, e siate allegri, ma che ognuno di voi sia indipendente. Le corde di un liuto sono separate anche se vibrano alla stessa musica. Date il vostro cuore, ma non affinché il vostro compagno se ne impadronisca. Perché solo la mano della Vita può contenere i cuori. E state uniti, ma non troppo vicini. Perché le colonne sostengono il tempio, ma sono separate. E né la quercia né il cipresso crescono l'una all'ombra dell'altro.

Questa notte la città di Astorga veglia sui miei sogni. La cattedrale, che qualche istante fa riluceva come oro al contatto con la luce del tramonto, adesso s'illumina come un faro nella notte indicando il cammino. Disteso in un campo, mi lascio cullare dal sussurro fresco della brezza e intanto assaporo con la memoria l'amore provato e rievoco le persone amate. Per un istante mi assalgono anche i ricordi dei momenti di odio, di rabbia e di incomprensione. Oggi mi sento felice, come un bambino smarrito che finalmente è stato ritrovato e riportato a casa. Oggi riposo nella casa del cuore, dell'amore e della speranza, nella quale una madre si occupa con tenerezza dei suoi figli, e una coppia è capace di amarsi fino all'eternità; qualcosa di buono sta nascendo nel cuore dell'universo. Sfreccia una stella cadente, riconfermando la mia certezza che l'amore vince tutti gli ostacoli e ci fa camminare verso la felicità più piena. Mentre seguo la sua scia di luce nel cielo oscuro, esprimo un desiderio: che le persone si amino. È la forza dell'amore che ci aiuta a sopravvivere nella speranza.

da Astorga
a Rabanal
del Camino
(20 km)

IMPARARE DAL CAMMINO PERCORSO

«La storia è sempre nuova. Per questo, malgrado le delusioni e le frustrazioni accumulate, non c'è motivo per non credere al valore dei gesti quotidiani. Anche se semplici e modesti, sono quelli che stanno generando una nuova narrazione della storia, aprendo così un nuovo corso al torrente della vita» (Ernesto Sàbado)

Attraverso varie letture mi sono documentato sulla dimensione storica del Cammino di Santiago, che in realtà è una rete di cammini che dai quattro angoli dell'Europa si fanno strada verso il lembo più occidentale del continente, lo Jakosland dei tedeschi. Il fenomeno giacobeo ebbe origine nel IX secolo grazie al miracolo di una stella luminosa che rischiarava il cielo notturno contemplato da un eremita, là dove oggi sorge la città di Santiago de Compostela e allora c'era solo un bosco chiamato Libredón. Il ritrovamento del sepolcro di un cristiano dei primi tempi fece sì che sempre più persone si avvicinassero al cammino in cerca di uno stimolo alla fede. Sorse così un itinerario comune nel quale si condividevano i saperi e fiorirono l'arte, la musica, la fede e la solidarietà nei confronti del devoto pellegrino che rischiava la vita per giungere al *Finisterrae*, ai confini della terra, come chiamavano la Galizia gli intrepidi legionari romani.

Da allora il miracolo si è perpetuato nel corso dei secoli. Lo prova il fatto che ancora oggi sono – siamo – in moltissimi ad avventurarci, zaino in spalla, lungo il cammino, calcando le impronte che lasciarono uomini e donne di tanto tempo fa. Aymeric Picaud, monaco francese del XII secolo, ci ha fatto un grande regalo con il suo *Liber Sancti Iacobi*, in cui descrive il cammino sul quale oggi transitano i miei piedi, i miei sogni, le mie sofferenze e le mie speranze. Sono convinto che alla fine sia la forza di volontà, la nostra costante tendenza ad auto-trascenderci che ci spinge a continuare qualcosa di così antico. Secondo un autore tedesco, «l'Europa nacque peregrinando a Compostela», e certamente aveva ragione. Oggi bisognerebbe aggiungere che non solo l'Europa ma il mondo intero, un mondo nuovo, un mondo di speranza sta sorgendo attraverso questo itinerario nel quale confluiscono genti venute dai luoghi più remoti. Il Cammino è un fenomeno che non si può spiegare completamente solo a parole.

La maggior parte dei pellegrini ha meno di trent'anni. Per questo si potrebbe affermare che il Cammino è soprattutto giovane. Questo continua a essere un motivo di speranza, che siano cioè le nuove generazioni a raccogliere il testimone lasciato dai nostri antenati. Siamo figli del nostro tempo e della nostra cultura, ma proprio per questo abbiamo bisogno di rompere, almeno per alcuni giorni, la routine della nostra vita consumistica, così soggetta agli orari e alla burocrazia. Abbiamo bisogno di liberarci, di rigenerarci al contatto con la natura e con il meglio dell'essere umano. Queste ansie di pienezza si soddisfano in buona misura attraverso lo sforzo del cammino, lo sforzo di condividere le nostre vite con altre vite, di lasciarci formare dall'esperienza stessa di scavare un solco nel nostro cuore, riprogrammando la nostra vita con sincerità.

Oggi ho assistito a una scena che mi ha colpito. I protagonisti sono tre giovani, figli di una società che esalta l'edonismo e non il sacrificio. Una pellegrina madrilena stava cominciando ad avere difficoltà a camminare. Da tempo si trascinava una tendinite che andava peggiorando. A un certo punto si è lasciata cadere a terra. Il dolore era tale che non poteva proseguire. Tutto ciò avveniva in mezzo a un bosco. Se a un pellegrino vengono meno le gambe non gli resta che confidare nella provvidenza, e lasciarsi aiutare. In quel momento due pellegrini che sopraggiungevano da dietro si sono fermati insieme a lei. Io e altri pellegrini, arrivando lì, abbiamo fatto lo stesso. Senza pensarci, uno dei due si è tolto lo zaino e lo ha dato all'altro, che l'ha caricato in spalla insieme al suo (doppio peso, quindi). Il primo ha preso in braccio la ragazza e l'ha portata fino all'*albergue* più vicino, dove avrebbero potuto darle accoglienza e cure mediche. Assicuratisi di averla lasciata in buone mani, hanno proseguito oltre. Nel Cammino si produce il continuo miracolo della solidarietà che aguzza l'ingegno per superare gli ostacoli maggiori.

Facendo tappa a Rabanal del Camino, villaggio dalla fisionomia piuttosto singolare posto su un pendio, sono stato ospitato da alcuni monaci benedettini che mi hanno spiegato che la regola di san Benedetto chiede ai monaci di accogliere i forestieri come se fossero Cristo stesso. Mi hanno invitato a partecipare alla recita dei vespri nella chiesa parrocchiale del paese. Ci sono andato e ne ho goduto, è stato un momento piacevole e profondo. I monaci celebravano la liturgia in maniera molto semplice, ma al tempo stesso con molta sensibilità. Ad assistere ai vespri eravamo in un buon numero di pellegrini. Momenti così, tempi di riposo e silenzio, sono utili, sono necessari. Dopo i vespri, mi sono fermato un po' con un pellegrino belga di nome Koen. Siamo finiti a parlare di fede. Mi ha detto che, facendo il Cammino, aveva sentito una specie di conversione nel leggere un testo evangelico che gli aveva dato un monaco in Francia. Si trattava delle Beatitudini. Mi ha pregato di non smettere di leggerlo e di meditarlo durante i giorni di pellegrinaggio che mi restano. Ho chiesto allora a un monaco se poteva fornirmi questo testo; nel porgermelo, mi ha avvisato: «Qui sta il cuore del Vangelo di Gesù».

Beati i poveri in spirito, perché di essi è il regno dei cieli.
Beati gli afflitti, perché saranno consolati.

Beati i miti, perché erediteranno la terra.
Beati quelli che hanno fame e sete di giustizia, perché saranno saziati.
Beati i misericordiosi, perché troveranno misericordia.
Beati i puri di cuore, perché vedranno Dio.
Beati gli operatori di pace, perché saranno chiamati figli di Dio.
Beati i perseguitati a causa della giustizia perché di essi è il regno dei cieli.

Prima di allora non avevo mai sentito o letto frasi così sconcertanti. Temo che dovrò lottare molto nei prossimi giorni con il mio ego e le mie resistenze per arrivare a comprendere queste parole, che solo qualcuno di molto speciale può pronunciare. Mi viene in mente la scena di questo pomeriggio, la generosità del pellegrino stanco che non si risparmia per aiutare il ferito. Come sarebbe la vita umana se ci preoccupassimo tutti di aiutarci l'un l'altro? Bisogna imparare dal cammino percorso.

da Rabanal
del Camino
a Ponferrada
(32 km)

LA CROCE
CHE SQUARCIA
IL CIELO

*«Bisogna vivere con tutta l'anima, e vivere con tutta l'anima è vivere
con la fede che sgorga dal conoscere, con la speranza che sgorga
dal sentire, con la carità che sgorga dall'amare»* (Miguel de Unamuno)

Mi sono svegliato presto, ritemprato dall'ospitalità cristiana
dei monaci, e mi sono messo nuovamente in cammino.
Mi attendeva una tappa lunga e anche impegnativa, secondo la
guida del pellegrino, con un'ascensione marcata. Percorrendo la
montagna in salita verso Foncebadón, ero testimone silente e
privilegiato dell'aurora. Anche il sole si svegliava dal suo sonno da dietro le montagne. La brezza mattutina, e il silenzio del
viandante che non si è ancora destato del tutto, hanno qualcosa
di intimo e affascinante. Il sole segna i nostri ritmi e determina
il nostro incedere nella vita, è sempre stato così. Il primo sforzo
della giornata ha avuto la sua ricompensa arrivando in cima alla
montagna. Proprio lì si erge un palo di legno coronato da una
croce. Si tratta della "Croce di ferro", un simbolo del Cammino
sorretto da un'infinità di pietre; una specie di monticello roccio-
so a sostegno del legno che, eretto, sembra voler pronunciare
una parola diretta al viandante che si ferma vicino alla cappella
di San Giacomo Apostolo.

Secondo la tradizione, colui che si ritiene pellegrino dovrà portare una pietra da depositare ai piedi della croce. Una pietra carica di simbolismo, poiché con essa si lasciano speranze e aneliti profondi. Con il mio umile apporto, ho sicuramente contribuito a mantenere viva la leggenda di questa croce. Dopo aver depositato la mia pietra, e con essa aver alleggerito la mia anima dalle tristezze, mi sono seduto vicino alla cappella per poter contemplare l'immagine inedita di quella semplice croce di ferro incastonata sopra un tronco. Dalla cima della montagna tutto sembra diverso. Il paesaggio si riveste di nuovi colori. Dietro rimane il sentiero salito. Lì, tutte le pietre portate da pellegrini di ogni dove. Ero davanti a un monumento popolare che riflette l'umanità stessa che cerca, soffre, spera.

La croce la associo alla sofferenza. Quella di tanti esseri umani che la patiscono in molteplici forme. Ho pensato a Gesù Cristo, ai suoi ultimi giorni, alla sua coerenza fino alla fine. L'uomo contemporaneo non dovrebbe perdere di vista questi testimoni dell'amore e della speranza. La croce non ha l'ultima parola. Non l'ha avuta nella vita di Gesù, poiché non moriamo mai del tutto. L'amore si proietta sempre davanti a noi trascinando la nostra innata finitezza. Ho rivolto un pensiero ai pellegrini che hanno depositato le loro pietre: le loro pietre sono le loro vite, sono le nostre vite, un frammento di esistenza, una vita resa tangibile. Ma per riuscire a raggiungere la saggezza bisogna fare un cammino, bisogna salire verso la cima della montagna. Solo dalla vetta è possibile contemplare la vita in un modo completamente nuovo. Guardando la croce, alzando lo sguardo, ho potuto vedere e rigenerarmi nel cielo che sovrasta le nostre esistenze, il cielo come evocazione della pienezza alla quale aspira tutto l'essere umano. Un cielo acceso da un sole radioso che prometteva nuovo calore per il nuovo giorno.

Mi sono alzato e, zaino in spalla, ho ricominciato a camminare, meditando. Mi restavano ancora diversi chilometri per arrivare all'*albergue* successivo. Poco dopo aver ripreso la via, ho cominciato ad avvertire un fastidio a un piede. Poco a poco il fastidio si è trasformato in dolore, e il dolore si è intensificato fino a costringermi a trascinare il piede. Un semplice contrattempo può minacciare la nostra sicurezza e scombinare i nostri piani. Il ritmo lento, il tempo che passa, e la meta che non arriva mai. Sono momenti di incertezza e congetture. Siamo stati programmati in un modo tale che non siamo capaci di intuire la grandezza e la profondità dell'esperienza inattesa e contraddittoria. Nel Cammino sto imparando a vivere in un modo nuovo, dando valore all'istante presente, lasciandomi educare dalle situazioni del momento, che si presentano spontanee. Avvertendo il mio limite, mi è venuta in mente una frase: «Beati i poveri in spirito...». Arriva un punto nella vita in cui l'essere umano si sente così terribilmente fragile che non gli resta che deporre la sua povertà nelle mani di qualcuno che lo comprenda.

Sul far del tramonto sono giunto all'*albergue* di Ponferrada, città leggendaria fondata nei pressi di un ponte in ferro che permetteva ai pellegrini di attraversare il fiume. Il castello dei Templari ci parla di splendori passati e di infrastrutture in pietra al servizio del vero pellegrino. La torre illuminata della basilica della Virgen de la Encina (Vergine della Quercia), patrona del Bierzo, risplendeva come un faro nel mare della città. E lì dovevo andare. Mi hanno accolto nell'*albergue* parrocchiale. Dolorante per lo sforzo, sono entrato un momento in chiesa. Lì ho riposato la mente, lasciandomi avvolgere dal conforto del silenzio. Accanto alla basilica ci sono le Sorelle Concezioniste Francescane (Hermanas Concepcionistas Franciscanas). Ho pregato con loro nella loro chiesa, gradendone l'accoglienza e l'ospitalità. Quanto si apprezzano questi momenti di umanità, quando si cammina doloranti e in solitudine!

Mi hanno parlato della Valle del Silenzio. Si tratta di un luogo vicino a Ponferrada nel quale anticamente si rifugiavano santi anacoreti per assaporare, al contatto con la natura, il silenzio dell'acqua che sgorga dalle montagne, e degli uccelli che volano liberi tutt'intorno orchestrando un autentico silenzio "sonoro". Riesco quasi a immaginarlo. Il pensiero è capace di farci volare verso la bellezza; per fare ciò, tuttavia, dobbiamo liberarci da paure, complessi e pregiudizi. Il silenzio è il preambolo della creatività più florida, quella che nasce al servizio del bene proprio e altrui. La preghiera con le Sorelle mi ha trasportato in un mondo misterioso e bello, alla mia valle del silenzio personale. Questo silenzio che oggi si è tinto di dolore. Vicino a Santa Maria del Bierzo ho fatto sosta e mi sono rifocillato, una sosta necessaria, sentita, gradita. Domani sarà un nuovo giorno. Mi rifugio nel presente della speranza e anche della fede. Mi lascio cullare da questo nuovo sentimento d'amore e vicinanza con la creazione intera, questa creazione che è il capolavoro cantato da Francesco d'Assisi. Prima di prendere sonno e smettere di scrivere, mi viene in mente l'immagine della croce sovrastata da un cielo splendidamente azzurro nell'alba sfolgorante di un sole che dà vita e ci colma di luce. Una croce che squarcia il cielo.

da Ponferrada
a Villafranca
del Bierzo
(19 km)

LA DIVINIZZAZIONE DELL'ESSERE

«Bisogna essere come l'albero che sta sempre in preghiera, come le acque del fiume dirette verso l'eternità. Allora all'ombra del cuore nascerà una fonte d'aurora tranquilla e materna. Spariranno le città al vento, e vedremo passare una nube, Dio» (Federico García Lorca)

Man mano che passano i giorni, mi ritrovo sempre più con me stesso attraverso l'incontro intimo e profondo con la realtà che mi circonda. La cadenza del pellegrinaggio, il passo corto, finisce per essere come una marea che poco a poco ti trascina sul fondo di un mare di mistero che non comprendi del tutto, ma che ogni volta ti risulta meno oscuro. È come se tutto avesse una spiegazione razionalmente soddisfacente, che non siamo però capaci di cogliere a pieno. Ho bisogno di andare più a fondo, di addentrarmi di più in me stesso, spogliandomi di tutto ciò che mi impedisce di considerarmi con realismo e in un'ottica di verità. L'essere umano tende facilmente a ingannarsi anche quando pensa di ingannare gli altri. L'errore di cedere all'apparenza consiste nel fatto che alla fine non si è più capaci di riconoscere la propria essenza, il proprio vero io, che finisce per rimpicciolirsi a tal punto che finalmente grida disperato, come un bambino intrappolato nelle reti della notte più buia.

Ho iniziato la giornata prima dell'alba. Il dolore al piede non è sparito; so che ogni giorno può significare un tragitto doloroso, perciò conviene partire per tempo. Il campanile di La Encina mi saluta con la sua mole slanciata verso il cielo. All'alba mi sono imbattuto di nuovo in fra Rufino. Stava seduto su una roccia, il volto verso il sorgere del sole, gli occhi chiusi e le mani sulle gambe incrociate, come se stesse facendo yoga. Mi sono seduto vicino a lui a contemplare la nascita del nuovo giorno. Il sole nascente aveva appena squarciato il manto della notte, quando Rufino si è fatto il segno della croce. È stato allora che mi ha visto e, il sorriso sulle labbra, mi ha salutato con il consueto «pace e bene». Avvicinatosi, ci siamo intrattenuti un momento a chiacchierare, sgranocchiando con gusto un paio di mele. Gli ho chiesto cosa ci facesse in quella posizione, rivolto così verso il sole, a occhi chiusi. Mi ha risposto che stava ringraziando Dio per il nuovo giorno, che stava pregando.

Mi è venuta allora in mente la liturgia che i monaci di Rabanal hanno condiviso con i pellegrini, i loro canti, il loro pregare melodioso. Ho pensato anche che nei momenti più difficili della mia vita, e naturalmente (e più che mai) nel Cammino, senza sapere molto bene perché né per che cosa, mi sono sorpreso a pregare, quasi sempre in silenzio, senza pronunciare parole. Poi il frate di Assisi mi ha raccontato qualcosa sulla preghiera, a partire dalla sua esperienza.

Era sempre stato un grande amante della natura, un pacifista militante che aveva cercato di cambiare il mondo attraverso la lotta politica, finendo per scoprire che l'Umanità segue un proprio corso, che non si può provocare il cambiamento, né obbligare qualcuno ad accettare le nostre idee. Fu allora che decise di iniziare un cammino di ricerca interiore. Leggeva in modo compulsivo tutto ciò che aveva a che fare con la spiritualità, tanto cristiana quanto di qualsiasi altra religione. Finalmente si imbatté nel Vangelo di Gesù Cristo e in una biografia di san Francesco d'Assisi che gli «rubarono il cuore», letteralmente. Poco a poco approfondì la spiritualità cristiana attraverso i Padri del deserto, soprattutto Antonio Abate, i mistici medievali, e poi Teresa di Gesù e Giovanni della Croce.

Per concretizzare questo incontro «che destò la mia coscienza» cominciò a dedicare ogni giorno un po' di tempo alla preghiera nelle sue diverse forme: lettura spirituale, silenzio, recitazione dei testi… Dopo una pratica costante finì per scoprire che in realtà la vita stessa è uno stimolo per la preghiera continua, così come suggeriva l'apostolo Paolo. La preghiera per lui era più di un atto, era una condotta di vita, un modo di essere.

Ascoltare con attenzione Rufino è come aprirsi alla possibilità di un mondo in armonia, nel quale l'essere umano occupa il posto che gli spetta e che gli è stato assegnato. Mi ha spiegato che il suo vero maestro spirituale, il suo modello di preghiera, è Gesù di Nazaret il quale, pur essendosi messo al servizio delle genti e del suo popolo come "pellegrino" votato alla causa dell'amore, tuttavia cercava sempre spazi e luoghi per stare da solo con «suo Padre», di solito in un bosco o su una montagna. Mi ha raccontato che i suoi discepoli gli chiesero che insegnasse loro a pregare, e che fu allora che Gesù insegnò loro la preghiera del Padre Nostro…; però non senza prima avvertirli che la preghiera è un dialogo intimo con Dio, un Dio che è come un padre che ci conosce e ci ama con la tenerezza di una madre. Quindi, la preghiera è avvicinarsi a Dio, parlargli e ascoltarlo, con fiducia, senza giocare a nascondino, senza pretendere di spuntarla sempre con le nostre pretese. La preghiera è importante per dare serenità al cuore e per trasformarci, aprendoci all'amore. Non avevo mai sentito parlare così della preghiera, che per me era una pratica rituale spesso senza senso, un'abitudine, una routine, un insieme di parole imparate a memoria che si pronunciano per sentirsi a posto con la coscienza e accontentare Dio.

Rufino parlava dell'amore come del segreto della vita, e gli si illuminavano gli occhi nel cercare di dimostrare la presenza del divino in noi. Mi ha detto che suo fratello Francesco d'Assisi era il santo dell'amore perché il suo impegno costante fu di assomigliare a Gesù Cristo in tutto, per questo amava profondamente tutte le creature: per lui erano il riflesso della gloria divina. Un santo dei primi secoli, Ireneo di Lione, lasciò scritto qualcosa di simile (Rufino me lo ha citato in latino): «La gloria di Dio è l'uomo che vive». E Dio è il centro verso il quale si dirige l'essere umano nel suo pellegrinaggio esistenziale. Prima di separarci, abbiamo pregato insieme. Mi ha chiesto se per me andava bene recitare insieme il Padre Nostro… come se fosse la prima volta, lentamente, assaporando le parole, lasciando che si posassero nella nostra anima. Non avevo mai sperimentato prima tanta pace e tanta gioia nel pronunciare delle parole. Poi il mio "confidente del mattino" si è alzato, si è messo in spalla lo zaino (che non conteneva molto) e, fatto un gesto con la mano come per benedirmi, ha ripreso il suo cammino.

A metà pomeriggio sono arrivato a Villafranca del Bierzo, cittadina nata su e per il Cammino, proprio alle porte della Galizia, i cui monti già si scorgono all'orizzonte. Ho raggiunto la chiesa di San Giacomo, all'entrata stessa del paese. Lì Jato e la sua famiglia mi hanno accolto in un *albergue* un po' particolare, costruito da loro con l'aiuto di alcuni pellegrini. Come mi ha visto, Jato ha subito intuito che il mio piede mi dava delle noie, perciò mi ha aiutato a riprendermi, se non fisicamente per lo meno spiritualmente. Nella chiesa di San Giacomo c'è una porta detta "del perdono" che viene aperta solo negli anni santi giacobei, esattamente come la corrispondente "Porta Santa" della cattedrale compostelana. Lo scopo è offrire ogni tipo di benedizione al pellegrino malconcio che, non potendo arrivare a Santiago per questioni di salute, riesce tuttavia a raggiungere la meta del Bierzo. Per un istante ho pensato che forse ero arrivato anch'io alla fine del mio pellegrinaggio. Il dolore al piede è salito lungo la gamba fino al ginocchio – di fatto quasi non lo sento più –, che ora è come addormentato, e camminare mi costa molto. Ma ho fiducia, anche così continuo ad avere fiducia, la forza di volontà, sempre tenace e ferma, mi invita alla ribellione: camminerò fino a quando non mi sarà più possibile.

La limitazione fisica, a parte farmi leccare le ferite, mi sta forzando a entrare di più nella mia dimensione spirituale, in un certo senso a divinizzarmi. Il nostro corpo è un mezzo insostituibile per esistere qui e adesso, ma c'è qualcosa dentro di noi, nella nostra essenza, che ci spinge avanti nonostante le difficoltà. Che sia Dio la ragione per cui adesso non penso ad altro che a camminare, anche quando la prudenza inviterebbe al riposo, a tornare a casa e "adagiarmi" di nuovo? Sapere che la Galizia è molto vicina è sentire che Santiago non è lontana, ogni istante sempre meno. La sua immagine, contemplata solo attraverso fotografie, si è fissata nella mia mente, si è trasformata in un sogno raggiungibile che voglio coronare, a costo di arrivarci strisciando. La vita spinge con forza, come un torrente in piena.

Nell'*albergue* mi sono ritrovato con nuovi pellegrini (finora mai incontrati) e altri che ho già incrociato qua e là. Ci siamo salutati con allegria, come chi ritrova un caro amico dopo molti anni. Subito sono sorti la conversazione, l'ascolto e l'interesse reciproci. Dal volto di ciascuno traspariva che siamo felici, che sappiamo di essere prossimi al porto desiderato. Nel registro del pellegrino dell'*albergue* ho letto un pensiero lasciato da una pellegrina di nome Teresa: «Sono uscita dal mio egoismo e ho scoperto che la vita è amore, adesso non posso tornare all'egoismo, sarebbe da stupidi. La vita ha senso se vissuta con la forza dell'amore per tutti e per tutto. Un amore pacifico e pacificatore, un amore che comincia da me stessa, dal sapermi apprezzare e amare veramente. Oggi capisco che c'è un Dio nascosto nelle piccole cose. Un Dio così umile che si nasconde dentro di noi come un bambino birichino in un armadio, fino a quando non lo scopri. Ho bisogno di confidare in un Dio che è fonte di vita, di pace e d'amore. Adesso confido, e la mia fiducia è certezza, non ho più bisogno di credere né di dubitare, ho bisogno d'amore, e di lasciarmi amare».

Crollo per la stanchezza, il sonno mi chiama alle porte del mio essere, e le palpebre gliele aprono chiudendosi irresistibilmente. È ora di riposare: «Beati coloro che cercano di fare la volontà di Dio…». Si tratta di un'autentica divinizzazione dell'essere.

da Villafranca
del Bierzo
a O Cebreiro
(27 km)

NEL MEZZO DELLA TEMPESTA

«Tutto è un mistero, e sorprendersi e gioire di ciò, esattamente come farebbe un bambino, è miracoloso» (Pablo D'Ors)

Messo in guardia dagli altri pellegrini, mi sono preparato a gustare, e in un certo modo a patire (gioia e sofferenza sono sempre unite), una delle tappe più dure del Cammino francese, quella che in gergo ciclistico si direbbe una tappa di montagna. Dopo essermi lasciato alle spalle Villafranca e la sua storia, mi sono disposto ad affrontare la salita verso le terre galiziane. Sapevo che gli ultimi chilometri di questa tappa sono un'ascesa verso il cielo, per questo mi sono preparato con una bella siesta all'Hospital del Inglés, vicino a un ruscello che scorre dall'alto verso valle. Da una parte sentivo nel profondo una sorta di smania di affrontare questa muraglia naturale, ma al tempo stesso avvertivo un certo timore, dato che il piede continuava a farmi male e che uno sforzo eccessivo poteva essermi "fatale".

Recuperate le forze, ho iniziato a camminare, e con me la pioggia a cadere. Il cielo grigio preannunciava uno spettacolo d'acqua che non ha tardato a cominciare. Inerpicandomi su pendii degni di un camoscio, sentivo la carezza della pioggia, lieve al principio, poi abbondante. C'è stato un momento in cui era tale la quantità d'acqua rovesciata dalle nuvole, che non ero in grado di vedere più in là del mio naso. L'acqua che cadeva sul sentiero si riversava lungo il cammino come un torrente. In quell'istante ho dimenticato i miei pensieri, concentrandomi intensamente sul momento: in fondo non potevo far altro che salire, continuare a salire con tutto me stesso e nonostante tutto. I tuoni annunciavano la tempesta, ma il pellegrino, già abituato alle difficoltà, proseguiva salendo col suo ritmo lento. Nel mezzo della tempesta, mentre la nebbia avvolgeva la montagna, ecco sopraggiungere la calma. In mezzo alle basse nubi è apparso un villaggio raccolto, case spuntate dalla notte dei tempi. Ero giunto a destinazione, avevo compiuto l'impresa nonostante le avversità. Il mitico villaggio si chiama O Cebreiro, ed è il benvenuto della terra galiziana al pellegrino affaticato. Un luogo magico che merita di essere rievocato a parole.

Esistono luoghi sulla Terra segnati dal dono dell'unicità. È il caso del villaggio di O Cebreiro, dove il tempo è di troppo perché tutto concorre all'eternità: qui il corpo riposa e lo spirito si placa. Si tratta di un insediamento di origine celtica, conosciuto già al tempo dei Romani come via d'accesso al cuore della Galizia. È situato tra i monti di O Courel e Os Ancares (Lugo), a circa 1.294 metri di altitudine. Lo scrittore arabo Idrisi chiamò questo luogo *Munt Febrayr*. Nel *Codex Calistinus* figura come *Mons Februari*. In altri antichi documenti è citato come *Zebruaril* e *Zeberrium*.

Tipiche sono le *pallozas*, abitazioni di origine celtica a pianta ellittica delimitata da muri di pietra, e copertura in paglia che protegge dal freddo e dalla pioggia. La *palloza*, prima che una costruzione rustica, è un focolare, un'abitazione tipica delle zone di montagna di Lugo e León. Al suo interno vivevano persone e animali che si sostenevano a vicenda, i primi procurando alle bestie il nutrimento che i pascoli non potevano offrire quando la neve lo impediva, i secondi come fonte di calore nei giorni più crudi dell'inverno. Queste abitazioni sono un esempio di adattamento ai mezzi di cui si dispone, un modo di inserirsi nell'ambiente naturale. E, naturalmente, vado a dormire in una di esse, che è stata adibita ad *albergue* improvvisato. Il mio letto sarà un giaciglio di paglia.

Ma O Cebreiro non deve la sua fama solo al fatto di essere uno dei luoghi più sorprendenti del Cammino, alle sue *pallozas* o alla sua chiesa, ma anche, e piuttosto, a un miracolo eucaristico che sarebbe avvenuto nel XIV secolo e che diede origine alla famosa leggenda del Santo Graal. Fu allora che questo villaggio acquisì notorietà. La fama di O Cebreiro corse per le strade della nascente Europa a seguito del miracolo della "transustanziazione eucaristica". Una signora del luogo mi ha raccontato la leggenda: una volta un abitante di Barxamaior di nome Juan salì fino a O Cebreiro, in piena tempesta di neve, per partecipare alla celebrazione eucaristica che in quel momento si teneva in chiesa. Quando arrivò, provocò il biasimo del celebrante che, in cuor suo, disprezzò lo sforzo del fedele contadino («tutta questa fatica per vedere un pezzo di pane e un po' di vino», avrebbe detto tra sé). Fu allora che avvenne il miracolo: il pane si trasformò in carne e il vino in sangue. Il desiderio di mantenere viva la memoria dell'episodio fece sì che si conservassero il calice e la patena del XII secolo (autentici tesori dell'oreficeria medievale), così come il reliquiario regalato dai Re Cattolici nel quale ancora oggi si custodiscono i resti di quel prodigio (un pezzo di carne e un frammento del corporale con macchie di sangue). Il prestigio del miracolo si rafforzò ancora di più grazie al *Parsifal* del compositore Richard Wagner, che potrebbe aver trovato la sua fonte di ispirazione proprio nel calice di O Cebreiro. L'opera è legata alle leggende riguardanti Re Artù e i suoi cavalieri della tavola rotonda, che intrapresero la ricerca del Santo Graal.

Ma il vero tesoro, nel cuore del villaggio, è la chiesa preromanica del IX secolo, anche se restaurata nel 1962 (il passare del tempo e due incendi l'avevano lasciata piuttosto malridotta). Tra i suoi "abitanti" emerge una statua della Vergine, opera del XII secolo nota come Santa Maria "la Reale". Si dice che l'immagine assisa della Vergine sia un po' inclinata in avanti da quando fu testimone del miracolo citato, dopo il quale la Madre di Dio si inchinò in atteggiamento di profonda adorazione. Il miracoloso risveglia la nostra curiosità infantile. Abbiamo bisogno di recuperare spazi per ciò che supera la nostra facoltà razionale.

Il tempio di Santa Maria è casa di preghiera, spazio sacro per la meditazione e la contemplazione silente. In questa chiesetta, storia, arte e spiritualità si fondono. Al suo interno ho rivolto un pensiero e pregato per tutti coloro che mi precedono nel cammino della vita e in quello dell'eternità, per tutte le persone che sono parte della mia vita. O Cebreiro, sotto lo sguardo dei grandi occhi di Maria, invita a trascendere i problemi, ad assaporare il cuore della nostra essenza umana. Protetto dalla pioggia scrosciante, mi sono sentito a casa, in famiglia. La mia riconoscenza per questo tetto è indescrivibile. La nostra vita è come un libro, la cui introduzione è stata scritta da una mano misteriosa che ne firmerà anche l'epilogo. Ma spetta a noi, in quanto protagonisti, dare contenuto ai capitoli. La magia di questo giorno di tempesta è stata coronata da una frittata di patate ben calda gustata nell'Hospedería vicino alla chiesa, condividendo esperienze con altri pellegrini, stregati anche dall'insolita spiritualità di questo villaggio che sembra fondersi con il cielo.

La Galizia ci accoglie sotto la pioggia, nutrimento per i campi che ringraziano con il loro verde intenso e frutti d'ogni tipo. La terra viziata dal cielo finisce sempre per essere generosa. Anch'io ho bisogno che ogni tanto una tempesta scuota le mie fondamenta e mi desti dal torpore. L'acqua purifica e fa germogliare. Oggi, mentre salivo, senza quasi riuscire a vedere oltre la spessa cortina d'acqua frustata dal vento, mi è venuta in mente un'altra beatitudine: «Beati i miti, perché erediteranno la terra». Sto cominciando a capire che l'umiltà è ciò che meglio si adatta alla nostra condizione di esseri finiti e fragili, sottoposti a ogni genere di tempeste che in un attimo possono rovinare i nostri progetti, scrollandoci dal nostro orgoglio e dalla nostra prepotenza. Propria dell'uomo è l'umiltà. Quell'umiltà che fa sì che l'essere umano riesca ad ascendere alla cima dell'esistenza anche quando è avvilito dalla tempesta. Sono in Galizia, la terra promessa che sembra resisterci, forse proprio per farci godere più intensamente della meta. Da qui a Santiago, come mi ha detto uno del posto, manca solo *unha carreiriña de can* (una "corsetta per cani", ovvero un tiro di schioppo). La lingua gagliega, mielosa e poetica, mi fa sognare. Sto vivendo un sogno molto reale, selvaggiamente bello, un sogno reale nel mezzo della tempesta.

da
O Cebreiro
a Samos
(32 km)

L'ANIMA DEL MONDO

«Ogni uomo è testimone di ciò che vive» (Antonio García Rubio)

*M*olto presto, prima che sorgesse il sole, immerso in un'inquietante e fitta nebbia, mi sono diretto verso la chiesa di Santa Maria, cercando forse la pace di una madre prima di riprendere la via. In mezzo all'oscurità a un tratto è emerso un corpo in movimento, dai contorni indefiniti che si facevano via via più distinti man mano che si avvicinava. Era un cane, un cane di grossa taglia che mi ha messo in allerta. In mezzo alla nebbia, in un luogo sconosciuto e da solo con un cane così grande: il cuore era inquieto. Ma i suoi movimenti lenti, forse dovuti alla stazza, mi hanno tranquillizzato. Infatti si è limitato ad avvicinarsi e a guardarmi. Superato lo spavento, mi sono immerso in quel luogo enigmatico che ha già visto scorrere davanti a sé più di mille anni. Nel silenzio della chiesa, e con i pensieri che cominciavano a destarsi, ho pregato per il mondo, per coloro che soffrono, per i miei cari, per questa nuova giornata dal tempo incerto. E ho pensato che in qualche modo la nostra esistenza trascorre tra luci e ombre, tra giorni di luce splendente e altri di fitte nebbie. Ma che in ognuna di queste circostanze occorre mantenere la calma, recuperare la serenità.

Oggi ho iniziato a camminare nell'incertezza di ciò che ci avrebbe offerto il cielo. Le nebbie mattutine sono come un grande sipario che impedisce la vista del cielo. Ho camminato per le prime ore immerso nei miei pensieri, con lo sguardo fisso a terra (del resto la scarsità di luce non permetteva di vedere più in là di un paio di metri). Poco a poco la cortina di nebbia si è dischiusa, rivelando il mistero del giorno. Quasi a tentoni la luce del sole, che fino ad allora aveva dormicchiato sul letto di nebbia, ha cominciato a fare capolino. A metà mattina tutto era già avvolto in una giornata di luce radiosa, e la natura mostrava tutta la sua bellezza primaverile. La mia prima sensazione è stata di sollievo, di ringraziamento, di gioia. Con la vista ancora inebriata, a un certo punto ho notato che, nel momento in cui il sole splendeva, un'ombra camminava davanti a me. Sto andando verso occidente, per questo il sole nelle prime ore del giorno riscalda la schiena del pellegrino e proietta al suolo l'ombra del corpo che cammina. Un'ombra che, anche se non la vediamo, sta lì, sempre con noi, riflesso stesso del nostro corpo avvolto dalla luce.

Mai, prima di fare il cammino, mi sarei reso conto dell'importanza del nostro corpo: capolavoro di ingegneria non ancora superato dalla tecnologia umana. Il dolore ai piedi, le vesciche, la tendinite o la sete mi hanno fatto capire che siamo corpo, che il nostro organismo ha bisogno di alcune, seppur minime, attenzioni, ma che tutto ciò che ci capita attraverso di esso è puramente transitorio. Curare il corpo è portare salute, una salute che diventa benefica non solo per l'individuo ma per tutte le persone che entrano in relazione con lui. Attraverso il nostro corpo possiamo realizzare ogni cosa. Una scultura magnifica non esisterebbe senza uno scultore che a colpi di scalpello ne estraesse le forme dalla nuda pietra. Senza corpo non ci sarebbe vita materiale, vita che nasce dall'unione di due corporeità che si amano. Oggi ho imparato a capire meglio e ad amare il mio corpo, che è espressione stessa del mio essere, strumento di bene, via di bontà, sempre che non ci votiamo al contrario. Quello che seminiamo, in buona misura, è ciò che raccogliamo.

Stamattina, prima di mettermi in cammino, nella chiesetta di O Cebreiro ho letto un passo del Vangelo secondo Luca che in quel momento non ho colto in tutta la sua profondità. Poi, camminando sotto il sole, ammirando la potenza della luce che vince la nebbia, è diventato più chiaro: «Per l'infinita misericordia del nostro Dio ci visiterà il sole che nasce dall'alto, per illuminare coloro che vivono nelle tenebre all'ombra della morte, per guidare i nostri passi nel cammino della pace». Sì, il sole dall'alto ci visita senza mancare un solo giorno all'appuntamento, anche quando le nubi o la nebbia cercano di mascherare il suo volto. L'universo che conosciamo gira intorno a questo sole che dà senso a un intero sistema: il sistema solare. Intorno a quale sole gira la mia vita? Qual è il centro della mia esistenza? Qual è la sorgente di luce che illumina la mia vita? Le tenebre fanno parte della nostra esistenza, forse in opposizione a quella stessa luce che ne occupa il centro ma che si vede minacciata dalla nostra innata tendenza a lasciarci indurre in tentazione. Quando ci lasciamo trasportare dalla forza della frivolezza, del superfluo, da ciò che ci impedisce di maturare ed essere felici, allora siamo avvolti da quell'«ombra della morte» che ci atterra con la paura del fallimento, con ogni genere di paure. Ho bisogno di allontanare da me quella sensazione di morte, quelle tenebre oscure che mi separano da me stesso e dalla mia pienezza. Ma per fare ciò devo riscoprire la mia luce, il sole della mia esistenza.

I miei passi mi portano verso la conquista di una meta anelata, un luogo nel mondo che voglio pensare come una terra promessa che mi aiuterà a ricomporre l'essere umano che sono. Amo la pace, voglio camminare verso la pace. Le esperienze di violenza della mia vita sono state frustranti. L'essere umano che si rifugia nella violenza si disumanizza, si sfigura, si allontana dalla sua finalità suprema. La luce del sole ci aiuta a «guidare i nostri passi» verso la meta desiderata, verso la pace, la pace interiore dell'essere umano che si trova riconciliato con se stesso, con l'intera creazione. Ho bisogno di un sole luminoso che guidi i miei passi: «Beati gli operatori di pace, perché saranno chiamati figli di Dio». La pace comincia a costruirsi dentro di noi, poco a poco, come in una lotta costante di pacificazione. Gli uomini e le donne pacifici saranno chiamati «figli di Dio». Dio, dunque, è un Dio di pace, non di violenza né di discordia.

A metà mattina ho iniziato ad assaporare la bellezza della natura della terra galiziana, di cui avevo letto nelle guide e sentito parlare da amici. La luce del giorno inondava di bellezza i campi in fiore. La Galizia è verde – salta subito all'occhio –, il paesaggio si tinge di una moltitudine di tonalità di questo colore, il colore della speranza. Scendendo verso Triacastela, dopo aver superato la dura salita dell'Alto do Poio e aver camminato nella valle del fiume Oribio, l'essere si immerge nella contemplazione della bellezza della natura. I boschi di alberi centenari sono come cattedrali che con il suono del vento raccontano le loro storie. È come se il bosco fosse animato, come se la vita si facesse sorgente in questa terra di sogno. La magia dell'ambiente umido mi trasporta in un mondo di sensazioni che nutrono l'anima e mi fanno sognare. Qui la vita è palpabile e tutti i sogni sembrano potersi realizzare in qualsiasi momento.

In un attimo di riposo, appoggiata la schiena a un rovere centenario (o *carballo*, come lo chiamano in Galizia), mi sono assorto nell'osservare il via vai sorprendentemente ordinato delle formiche, e il fragile volo di una farfalla variopinta. Una farfalla che prima di spiegare le sue splendide ali colorate, e di poter così volare libera annunciando la sua bellezza, era un verme che strisciava per terra, fino a che un bozzolo non operò il miracolo: nacque un nuovo essere, sulle ceneri del primo. La vita si supera di continuo e raggiunge il suo fine. In qualche modo, lo stesso succede a noi: per arrivare ad avere ali, per volare liberamente dispiegando tutta la nostra bellezza, bisogna passare attraverso un processo di trasformazione e di superamento.

Arrivato al monastero di Samos, dopo essermi fatto timbrare la credenziale da un monaco molto gentile, sono andato sulla sponda del fiume per rinfrescarmi, approfittando dell'acqua che scorre libera nel suo letto. Libera, ma sempre secondo il suo corso. Qual è il corso della mia vita? La sensazione dei piedi immersi nell'acqua dopo una dura giornata di cammino non ha prezzo. I piedi a mollo, seduto su una pietra, mi sono lasciato rapire dalla corrente, rasserenato. Ho quindi richiamato tutte le immagini della bellezza contemplata durante il giorno. Una bellezza che è lì, c'è sempre stata, aspettando l'avventuriero dal cuore sensibile che sappia coglierla e goderne. La natura è pura gratuità, avremmo molto da imparare da lei. La natura ha un'anima, un qualcosa di magico che la vivifica e la rende bella. È l'anima del mondo che dà respiro alla vita.

da Samos
a Portomarín
(31 km)

LA SPERANZA RESISTE

«La speranza è impazienza del cuore che ama. La speranza è pazienza del cuore che soffre» (Jesús María Bezumartea)

La vita è un cumulo di sorprese davanti alle quali conviene che la nostra esistenza sia ben solida. A volte gli eventi sono così duri che ci fanno crollare, abbattendoci senza pietà. Perciò è opportuno costruire dall'interno la nostra personalità, proprio perché la prova della vita è dura e delicata. Anche il cammino è un pezzo di vita, e pertanto una sorpresa costante, un insieme di circostanze che si alleano per rafforzare il pellegrino che sa, che impara a uscire a testa alta da ogni situazione avversa, con costanza e forza di volontà, con sagacia e cuore saldo. Le avversità sembrano consigliare una ritirata per tempo, ma il pellegrino della vita, rafforzato dalla lotta quotidiana, sa che l'abbandono è la sconfitta più grande, quella dell'essere umano che devia dalla sua condizione davanti alla minima brezza contraria.

La tappa di oggi mi è risultata particolarmente dura, per la distanza e per l'orografia, che scende per poi tornare a salire, riproponendosi sempre uguale, salita e discesa: il corpo ne risente e sollecita una tregua. È allora che il pensiero e la forza di volontà svolgono il loro compito. Un po' d'acqua, qualcosa da mangiare e un po' di coraggio rendono possibile il miracolo di continuare, di arrivare, nonostante tutto. Ma non è facile, l'essere umano tende a tradire perfino se stesso. Sorgono allora le tentazioni. La comodità, un benessere momentaneamente illusorio, si trasforma in un'ossessione per il pellegrino. Persino adesso, benché abbiamo già alle spalle centinaia di chilometri di esperienze indimenticabili. La diserzione è umana, ma al contempo è una negazione della nostra innata tendenza ad andare sempre avanti, ad auto-trascenderci senza porre limiti all'amore di cui siamo fatti. Un amore che oggi mi si rivela come uno dei fondamenti universali dell'Umanità. Un amore che è un linguaggio comprensibile a ogni essere umano, indipendentemente dalla sua cultura o dalle sue credenze.

Il caldo mi ha spinto a cercare rifugio nella caverna del mio cuore, in cerca della frescura che l'ambiente esterno mi negava. Sono stati momenti di continuo dialogo interiore, mai interrotto dal sopraggiungere di un pellegrino (che è sempre il benvenuto), o dal saluto di qualche abitante del posto, o dall'ombra del bosco, vero lusso per i viandanti. Nella profondità del cuore ho sofferto la solitudine dell'uomo che scopre di vivere sull'orlo di un abisso, vicino a una voragine che minaccia il cammino esistenziale. C'è dentro di noi un vuoto immensamente profondo, tanto da non poterne vedere la fine. Ed è lì che è riemersa la negatività. Tutta un'infinità di pensieri, di ricordi, di situazioni vissute e di sensazioni che credevo sepolte, ma che ora mi rendo conto continuano ferocemente a lacerarmi da dentro. Sono meno libero di quanto pensassi, perché credevo che la libertà consistesse nel fare ciò che si vuole quando si vuole; ora però capisco che queste sono solo sciocchezze, che la vera libertà ha più a che vedere con il vissuto interiore, con l'attitudine di fronte alla vita, che non con il fare o l'avere.

Le situazioni ci feriscono da dentro in maniera quasi impercettibile. La nostra vita si svolge in uno scenario limitato da molti condizionamenti: fisici, psicologici, culturali, familiari... Abbiamo urgente bisogno di riorganizzare tutte queste componenti per collocarle ciascuna al posto giusto, dove non siano di intralcio, come a riporre in soffitta gli oggetti inutili. Ma per fare ciò, bisogna disattivare la loro forza, impedire che abbiano potere sulla nostra vita, neutralizzare la loro azione violenta sul nostro equilibrio psicofisico. Per questo è richiesta una grande maturità, che si conquista lottando giorno per giorno. Questi nemici dell'anima erano lì già prima di mettermi in cammino, ma solo adesso, dopo l'esperienza di spoliazione dal superfluo, si sono rivelati e dichiarati. Fare deserto, restare da soli con se stessi è una terapia che dovremmo praticare di più. Il deserto è lo spazio della prova, della tentazione, ma allo stesso tempo del rafforzamento e della maturazione umana.

«La fede muove le montagne». Ricordo d'aver sentito questa massima nella mia infanzia, quando ancora andavo a catechismo. Da allora è rimasta nascosta nella mia mente come una chiave che, a tempo debito, potesse dischiudermi la sua verità. Il momento è arrivato: c'è sempre un momento provvidenziale. Nella solitudine, soffocato dalla mia negatività, dalle mie paure, da complessi e pregiudizi, ho scoperto che l'uomo non può affrontare il suo abisso personale, l'insensatezza di ciò che non riesce a comprendere con la sola forza della sua testardaggine. Abbiamo bisogno di accogliere nel nostro essere tutte le forze dell'universo, la forze spirituali, la forza della fede, per continuare a camminare senza timore nella notte, sopravvivendo a tutta la negatività del mondo. La grande montagna che proprio adesso devo muovere è quella della paura, dell'apatia e della tristezza che mi procura il pensare al futuro. Viviamo nell'oggi, nel presente intenso e splendido. Il passato è un ricordo, e il futuro non è che un oggi che sarà vissuto quando sarà il momento. Ora mi rimane quest'istante supremo in cui mi sento vivo e, anche se mi risulta strano, mi sento profondamente amato. Sento che la mia esistenza personale altro non è che il frutto di un grande amore. Come frutto di un grande amore è tutta questa natura meravigliosa, che cura tristezze e anima forze piegate dalla distanza e dallo sforzo.

Conosco persone che soffrono l'indicibile. Alcune hanno ceduto, schiacciate dalla pietra di una sofferenza incompresa. Altre sono riuscite a fare della loro pietra d'inciampo un motivo di speranza, per recuperare il senso della vita. Perché alcuni sono capaci di restare a galla in condizioni avverse, e altri nella stessa situazione affondano senza rimedio? Suppongo che ciò sia dovuto a un concorso di fattori. Ad essere decisiva, tuttavia, è la fede con la quale si affrontano le difficoltà: fede nella vita, fede nelle proprie forze, fede negli altri, e fede… in Dio. La questione "Dio" continua a rimanere irrisolta, ma sicuramente oggi mi riscopro bisognoso di fede, dialogando con un essere che mi supera e mi trascende, del quale percepisco una specie di carezza man mano che scopro la vita in tutta la sua essenza, semplicità e bellezza. Il cuore è più saggio della mente. L'intelligenza è un tutt'uno tra corpo, psiche e anima, non ne ho il minimo dubbio. Oggi so di essere piccolo e fragile, eppure capace di muovere montagne, per lo meno la montagna delle mie negatività disumanizzanti, fonti di frustrazione e disperazione.

L'uomo contemporaneo non dovrebbe perdere di vista la speranza di fronte al pericolo di perire nella propria inconsistenza interiore. La speranza è il motore del nostro agire. Mantenere un alto tasso di speranza nel sangue è vitale per il cuore e per la mente. Avere sempre a portata di mano due o tre speranze, nel caso ne venisse a mancare una, è un modo per stare al passo con la vita e le sue sorprese. Da qui, sul ciglio di un cammino millenario che ha mosso i cuori e i desideri di milioni di pellegrini nel corso dei secoli, dico che la fede, la speranza e l'amore si alleano per farci felici nella misura in cui possiamo esserlo. Non sono le circostanze a determinare la nostra felicità, è la forza della nostra speranza ad allontanare ogni oscurità che pretende di tingere di tristezza la nostra vita. Non guardo già più indietro, oggi mi sono riconciliato con me stesso, con la mia storia e con i miei errori. La speranza è uscita rafforzata da questo giorno di lotta contro la tentazione e la negazione del meglio di me. Un cuore che ama resiste, perché sa che la sofferenza non è che un'ulteriore tappa nel cammino verso la pienezza dell'essere: «Beati gli afflitti, perché saranno consolati». La speranza resiste.

CERCARE LA VERITÀ

da Portomarín a Palas de Rei (24 km)

«Se i nostri passi si facessero faticosi, saremmo capaci di scoprire il fiore del deserto? È quello che si schiude all'aurora, nei momenti del continuo ricominciare, quando un alito di speranza ci porta lontani lungo un cammino di serena bontà» (frère Roger di Taizé)

Piove sulla Galizia. La pioggia non era più ricomparsa dopo quel diluvio iniziale lungo la salita verso O Cebreiro. La pioggia ha un fascino particolare, anche quando diventa un ostacolo per il pellegrino, un impedimento in più a una buona andatura. Il giorno è spuntato con una pioggerella lieve che invitava alla nostalgia, a rannicchiarsi intorno a un focolare, a ritrovarsi in un luogo caldo e asciutto. È necessario avere un nido, una terra, una casa nella quale trovare riparo ogni volta che l'ingratitudine degli uomini ci distrugge. Una delle immagini più belle, che non avevo mai considerato, è quella delle gocce d'acqua che delineano i contorni di una ragnatela, vera opera d'arte del ragno: in questo modo la natura la rivela, avvisando che è tesa. La pioggia fa sì che la vita si ripieghi su se stessa come a recuperare un'innocenza primordiale. La campagna, accarezzata dalla pioggia, acquista una colorazione molto particolare. Camminando sotto la pioggia, nei paesi attraversati dal Cammino è abbastanza difficile incontrare qualche abitante. È come se l'intero creato, Umanità compresa, si addormentasse al rumore dell'acqua. E nell'abbandono quasi assoluto mi sento felice, stranamente felice, nuovamente felice. Povero, molto povero, sempre più libero da vincoli, e per questo sempre più grato.

So che Santiago è molto vicina. Il clima umido preannuncia il prossimo arrivo alla città che, secondo il detto popolare, fa della pioggia arte. E, purificato dalla pioggia, la mente si apre a sognare tutte le bellezze di questa natura splendida, ricolma di vita. Tutto trova posto in una specie di ordine cosmico: le mucche pascolano tranquille, nutrendosi dell'erba rinverdita, gli uccelli si rannicchiano nei loro nidi sperando che il tempo migliori, mentre la pioggia persistente cade mansueta fecondando la terra. Il panorama è pervaso da un candore speciale che m'invita a ritirarmi nel profondo di me stesso. Nella vita, in un modo o nell'altro, siamo sempre in cammino. Ma adesso mi rendo conto di esserlo in maniera cosciente, sentendo i miei passi come miei. Ricordo che, all'inizio dei miei studi universitari, per distrarmi cercavo di ritagliarmi del tempo per approfondire sui libri la conoscenza della realtà umana. Attraverso alcune letture scoprii l'esistenza di un libro intitolato *Confessioni*, attribuito a sant'Agostino d'Ippona. Fu tale la mia curiosità che andai in biblioteca per leggerlo con interesse. Con questo libro tra le mani, m'immersi in una lettura trasfigurante. Oggi, in un certo modo, anch'io scrivo nella memoria la storia della mia vita, una storia di luci e ombre, di gioie e sofferenze, ma sempre di costante ricerca.

Il saggio Agostino scrisse la sua autobiografia senza omettere dettagli cruciali. La sua vita è quella di un uomo alla ricerca della verità. Una verità che alla fine riuscì a trovare e a identificare nel Dio cristiano. Egli comprese perfettamente che nel cuore umano c'è un'ansia di pienezza che alla fine nulla, tranne Dio stesso, può colmare. Agostino assaporò la vita con grande intensità, sapendo cosa significa amare fino a dare la vita, e fece dell'amicizia uno degli elementi essenziali della sua esistenza. Ricordo alcune parole che mi diedero molto su cui riflettere: «E vanno gli uomini a considerare con ammirazione le alture dei monti e le onde del mare, gli ampi corsi dei fiumi e la vastità dell'oceano e i movimenti delle stelle… e non considerano se stessi, non si meravigliano di sé». L'essere umano non è cosciente di tutta la grandezza che contiene. Io, umile pellegrino, lo sto capendo adesso. La bellezza esteriore non è che un riflesso materiale di quella interiore. Tutto dipende da con che occhi guardiamo. Chi guarda con bontà troverà bontà intorno a sé. Tutto dipende dallo sguardo: «Beati i misericordiosi, perché troveranno misericordia».

C'è stato un momento oggi in cui la pioggia era davvero intensa, e si è messo persino a grandinare. Provvidenzialmente in quell'attimo è apparsa, a poco più di 200 metri, una casa abbandonata. Raggiuntala, ho tirato un sospiro di sollievo. Quanto si ringrazia, quando si vive in povertà. Quel focolare improvvisato ha acquistato subito l'aspetto di una dimora accogliente. Nella casa si trovavano già tre pellegrini, sorpresi anch'essi dalla pioggia e dalla grandine. Tra pellegrini, a questo punto del Cammino, tutto è familiare. Ormai la solidarietà è un linguaggio conosciuto e compreso. L'amicizia nasce dalla solidarietà, dal saperci limitati e bisognosi. Mi hanno offerto una tazza del latte che stavano scaldando su un fornellino. L'ho accettata, e mi è sembrata deliziosa. Nel frattempo condividevamo esperienze e ridevamo, facendo nostro il detto "fare buon viso a cattiva sorte".

Qual è la verità? Questo pensiero mi ha assalito nell'ultimo tratto di questa tappa. Da bambini veniamo educati a vivere secondo la verità. Con il tempo sono arrivato a capire che il grande errore di cadere sistematicamente nella menzogna è che si finisce per ingannare anche se stessi, senza esserne del tutto coscienti. La bugia è come una ragnatela che finisce per intrappolarci nel suo intreccio di fili, asservendoci e impedendoci di andare avanti. Vivere nella menzogna è puntare sulla morte in vita, quand'anche ci siano persone che si arricchiscono con l'inganno. In un certo senso questa società dei consumi è costruita su una grande menzogna. Ti fanno credere che non puoi vivere senza questo o quel prodotto, o senza far finta di essere ciò che non sei. Vivere nella verità è quindi un processo di liberazione che riesce a realizzare solo chi si assume il rischio di andare oltre questi limiti. La verità è la verità in se stessa, senza giustificazioni né bisogno di artifici. Per vivere nella verità bisogna essere coraggiosi e decisi, smascherare molte paure, allontanare la menzogna.

Nel registro dell'*albergue* di Palas ho letto una citazione di una pellegrina che non fa una piega: «Ho trascorso metà della mia vita cercando di dare di me l'immagine di una donna perfetta, bella e intelligente. Sono riuscita a ottenere l'ammirazione di molti ragazzi e l'invidia di non poche donne. La mia vita stava trionfando secondo i criteri della mia società. Ma c'era sempre qualcosa che mi diceva che stavo vivendo una grande menzogna, e che così non sarei andata molto lontano, se veramente volevo essere felice. Nonostante ciò continuavo a chiudere le orecchie e a scappare, conducendo una vita sociale molto intensa nel mondo della moda e delle passerelle. Giunsi a guadagnare molti soldi, a viaggiare per il mondo, a sentirmi al centro dell'universo. Ma quella voce continuava a sferzarmi. Accadde allora l'inevitabile. Un lieve malessere mi fece andare dal medico. Mi diagnosticarono un cancro fulminante. I miei sogni caddero in pezzi, la mia vita stava crollando su se stessa. Non poteva essere vero, stentavo a crederlo. Dovetti sottopormi immediatamente alla chemioterapia che, tra gli altri effetti visibili, portò alla caduta dei capelli, la mia splendida chioma. Caddi in una depressione profonda. Mi rivoltavo contro il destino. Tutto ciò non poteva succedere a me. Ma non potevo negare l'evidenza. Fu allora che iniziai a leggere, mentre mi nascondevo dalla gente e dai media. Attraverso letture "positive", cominciai a ripianificare la mia vita. Un'amica mi disse che a lei, durante la sua malattia, era stata d'aiuto la Bibbia. Al principio rifiutai, non volevo aver niente a che fare con la religione, mi disturbava un Dio che potesse permettere quanto mi stava capitando. Lei insisteva, e finalmente iniziai a leggere i vangeli. Grazie ad essi conobbi un essere eccezionale, con una forza vitale inaudita. Le lacrime sgorgarono dal mio volto, e poco a poco cominciai a sentirmi più forte. Ero io quel cieco, quello storpio, quel morto che Gesù guarì e resuscitò. Anch'io avevo bisogno di essere guarita, ma guarita nel cuore. Guarita nel mio orgoglio e nella mia frivolezza. Scoprii allora, tramite l'articolo di una rivista, che esisteva un itinerario di spiritualità percorso da secoli da pellegrini di ogni dove. Quasi fosse un accordo pattuito da sempre con quella voce interiore, decisi di fare quel cammino, non appena la salute me lo avesse permesso. Ogni promessa è debito: sto mantenendo la promessa e sento nel mio cuore una felicità davvero intensa. Oggi sono viva, più che mai. Oggi amo, come non avevo mai amato prima. La vita è un mistero che bisogna amare, se ami ti trasformi, la vita stessa si trasforma».

Il Cammino opera il miracolo di risvegliarci, di scuoterci dallo stordimento che deriva dal conformarci ai criteri socio-culturali dominanti. Imparare a guardare la vita in profondità è iniziare un processo di trasformazione che ci fa riscoprire l'esistenza come un'opportunità per essere felici nella misura in cui rendiamo felici gli altri. O lasciamo impregnare il cuore, o ci trasformeremo in una roccia invulnerabile al cambiamento e all'amore. Gesù insisteva sull'amare il prossimo come strada sicura verso la pienezza umana. Ma ogni essere umano, nel suo ciclo vitale, conosce un momento di cambiamento, di presa di coscienza del fatto che la vita la si conquista vivendola intensamente dal profondo del cuore. E il Cammino è una scuola nella quale si riscoprono i valori umani che ci rendono degni come persone e ci indicano la via. Sì, «da vita è un mistero che bisogna amare» mentre cerchiamo la verità.

da
Palas de Rei
a Arzúa
(28 km)

AMABILI PRESENZE

*«Dobbiamo apprendere di nuovo cosa significa gioire.
Siamo così disorientati che crediamo che gioire sia andare a fare
shopping. Un vero lusso è l'incontro umano, un momento di silenzio
davanti alla creazione, la gioia di un'opera d'arte o di un lavoro
ben fatto. Gioie vere sono quelle che estasiano l'anima di gratitudine
e ci predispongono all'amore»* (Ernesto Sábato)

Ora che so che la meta è vicina, ora che si intravede la luce in fondo al tunnel, la mia mente si popola di "presenze" sentite e percepite lungo questo itinerario d'arte, di storia e di spiritualità. Un'immagine ricorrente è la freccia gialla, chiave d'accesso per il pellegrino. La freccia salvatrice, che nello sconcerto orienta verso la direzione smarrita. Un semplice segnale posto su un albero, uno steccato o una pietra può essere un indizio sufficiente a raggiungere la meta anelata. Un disegno a forma di freccia si trasforma in un legame affettivo per il pellegrino. In qualche modo, tutti noi pellegrini abbiamo un debito verso queste frecce, che l'ingegno di Elías Valiña, il "parroco di O Cebreiro", volle lasciare alla posterità, rintracciando e risistemando l'antico cammino verso Occidente. E, insieme a esse, quelle pietre miliari che misurano la distanza, e ti rianimano se il cammino è più corto del previsto, oppure ti gettano addosso come una secchiata d'acqua fredda quando ti informano che per giungere all'arrivo manca un po' di più. Essi sono i testimoni silenziosi del nostro camminare, segnali che parlano il linguaggio del cammino.

Mi domando quante frecce gialle abbiano compiuto il miracolo di orientarmi lungo la vita, fin dal concepimento. Quante persone sono state, e continuano ad esserlo, frecce gialle che mi indicano la direzione nel mio cammino personale. I miei genitori, Esther e Jesús, i miei fratelli, Suso ed Eva María, i miei professori, i miei amici, alcuni episodi fondamentali… La vita è un cammino nel quale non manca mai una freccia che nel momento decisivo del dubbio indica la direzione da seguire, anche se all'inizio non riusciamo a capirlo fino in fondo. Bella missione, quella di essere gli uni per gli altri frecce sicure che indicano il cammino adatto a ciascuno, il proprio cammino, un cammino personale e non cedibile ma lungo il quale emergono sempre quelle presenze benefiche che ci aiutano a proseguire. L'amore, l'amore è la chiave, le persone che mi amano e che amo sono le vere frecce del cammino, del mio cammino, della mia vita.

In qualche modo ho imparato che la vita consiste nell'accumulare saggezza a forza di esperienze, per poi farci noi stessi frecce del cammino, un dito capace di indicare la direzione, l'orizzonte verso cui guardare per raggiungere la meta. Abbiamo bisogno di donne e uomini esperti di vita e nell'arte della felicità. Il servizio che un essere umano riconciliato con se stesso può prestare all'Umanità ha un valore inestimabile. Per questo dobbiamo recuperare il valore del quotidiano, del concreto: spazio sacro nel quale si rende possibile il miracolo costante della vita, di una vita che si dà a se stessa. Adesso capisco che è dando che si riceve veramente, è cercando che si trova, è amando che si è amati, così come recita la preghiera che mi ha dato il francescano italiano del quale non ho saputo più nulla, forse perché è proprio delle "persone-freccia" indicare umilmente il cammino e poi sparire, come brezza nell'aria.

Ho già concluso la lettura del libro di Rufino. Mi ha lasciato nel cuore un grande sentimento di pace e armonia. La vita di san Francesco d'Assisi, il santo dell'amore, è molto istruttiva. Ignoravo che avesse attraversato momenti molto brutti, ma che allo stesso tempo fu molto felice. Le difficoltà, quando già sembrava avesse raggiunto tutto, i traguardi di perfezione che si era proposto, sembrano riempire le ultime righe della sua biografia. Tuttavia c'è un tocco di dolcezza e di serenità in quest'uomo così singolare che scommise decisamente sull'amore come attitudine esistenziale fondamentale, un amore che lui diceva sgorgasse dalla sorgente di Dio. Mi piace un Dio così. Un Dio che è capace di sradicare una vita facendola uscire da se stessa per trasformarsi in un servizio continuo alla causa della pace. Anche Francesco per me è stato, e continuerà ad esserlo, un "uomo-freccia" nel mio cammino, l'esempio concreto di un amore senza riserve verso il prossimo, donato fino in fondo, e il tutto con un tocco di pace e di speranza.

A metà giornata, in un paese chiamato Castañeda, ho incontrato Adán, un giovane pellegrino che ha iniziato a camminare a León e che non riesce a trovare la pace che desidera. La sua vita si è svolta in mezzo a un mare di contraddizioni, dovute a una serie di circostanze avverse. È arrivato persino a pensare al suicidio come via d'uscita da una situazione di caos insostenibile. Il Cammino di Santiago gli appare come l'unica possibilità per salire sul treno della vita, un treno verso quella pienezza che ancora non riesce a intravedere all'orizzonte. Abbiamo parlato a lungo e intensamente. L'ho ascoltato con attenzione. Abbiamo bisogno d'essere ascoltati con attenzione, senza sentire sulla pelle il flagello della critica o della condanna. Adán è figlio di un'epoca e di una cultura basata sull'apparenza e la brama di potere. Si sente troppo libero per vincolarsi a ciò che qualifica come «supina stupidità dell'essere umano che cerca la profondità in riva al mare». Il mare è la vita nella società, una vita che lo sta trascinando a fondo, malgrado la sua famiglia navighi nel benessere. Non so perché, ma questo giovane mi ricorda molto Francesco d'Assisi. La sua insoddisfazione malgrado abbia tutto, la sua autenticità nella ricerca nonostante possa aver commesso alcuni errori, devono arrivare a essere una rampa di lancio per la sua vita. Alla fine gli ho passato *La sapienza di un povero*, dicendogli che il protagonista ha una storia simile alla sua, e che forse avrebbe potuto essere anche per lui una "freccia gialla", come lo è stata per me. Davanti alla frustrazione, non resta altro che la ribellione nella speranza. Sono convinto del fatto che tutto scorre e che dobbiamo trattenere per noi solo ciò che ci è utile e necessario, ma solo nel momento in cui lo è.

Eloi Leclerc conclude il suo racconto descrivendo il paesaggio con la naturalezza di chi è riuscito a vedere la luce e naviga sereno sopra un mare di pace. In qualche modo Francesco aveva raggiunto la pace malgrado la sofferenza fisica, causata dalle malattie, e la sofferenza psichica e spirituale, causata dall'incomprensione di coloro che volevano fare a pezzi il suo ideale di vita; e questo altro non era che seguire il Gesù Cristo dei Vangeli con radicalità, senza risparmiarsi, dando tutto se stesso, scommettendo senza condizioni sull'amore, e diventando in questo modo libero nell'amore, esattamente come lo fu il suo maestro. L'eredità spirituale dell'Umanità è un tesoro, peccato che i tecnocrati che muovono il mondo non se ne accorgano... Abbiamo bisogno di molti Francesco d'Assisi per armare la vera rivoluzione: quella dell'essere umano che ama in libertà.

Le ultime parole del libro sono queste: «Il sole era calato dietro i monti e l'aria si era fatta di colpo più fresca, sotto la spinta di un leggero venticello che scuoteva gli alberi. Era già quasi notte e si udiva salire da ogni dove il canto ininterrotto delle cicale». La storia si ripete, lo scenario è lo stesso, e l'essere umano di ogni tempo continua a somigliarsi nell'essenziale: un cercatore di senso, di speranza e di felicità. Lo constato adesso che il sole tramonta, mentre scrivo seduto in riva a un fiume vicino all'*albergue*, a Ribadiso. Sono a pochi chilometri dalla meta sognata, una meta desiderata ma che, comincio a temere, sarà come la conclusione di una tappa della mia vita, quella del pellegrino, che non voglio che finisca del tutto. Per questo forse sto rallentando il passo, quasi a non voler arrivare prima del tempo. Il Cammino è esperienza continua di incontro con "presenze" fisiche e spirituali, alcune palpabili e visibili, altre impresse nella mente tramite il ricordo e la gratitudine. Il Cammino è popolato di amabili presenze.

ALLE PORTE DI UN SOGNO

da Arzúa a Lavacolla (20 km)

«*Siamo sempre portati a fare ciò a cui aneliamo*» (Demostene)

*I*l sole si è levato sotto la pioggia (Santiago è molto vicina). Il verde dei campi invita alla speranza chi già sa di essere a un passo dal realizzare un sogno anelato per settimane, mesi, forse anni: arriva sempre un momento nell'esistenza di un uomo in cui tutto concorre a una saggezza raggiunta con l'intuito e il sentimento. Adesso i motivi abbondano; ciò che è proprio del pellegrino è camminare senza voltarsi, avvertendo la sete, la fame, il bisogno di essere accolto. Ma la natura ha i suoi tempi. Dopo alcuni istanti di cammino sotto la pioggia, ha iniziato a schiarire. Le nubi grigie si sono diradate fino a che il sole è emerso, cavalcando trionfante l'oscurità che sempre si dissipa al suo passaggio. Scendendo verso una bella valle verdeggiante, sull'orizzonte di sole e di nubi si stagliava immenso un arcobaleno che con tutto il suo splendore s'impadroniva del cielo, e le cui fondamenta sembravano poggiare sulla terra stessa: l'arcobaleno è in tutto un simbolo delle nostre vite.

Il Cammino non finisce di sorprendermi con la sua bellezza selvaggia. Perfino il fango formatosi per l'azione della pioggia sulla terra acquisisce ora sfumature di insolita bellezza. Tutto dipende da come guardiamo. Lo sguardo è un'arte che può fare di noi esseri aperti alla vita oppure individui interamente ripiegati su noi stessi, le nostre paure e i nostri egoismi. Lo sguardo ci cura e ci vivifica. Più avanti mi sono fermato a osservare delle mucche serenamente intente a pascolare in un campo, come se loro fossero la vita stessa. Sono ignare di dare nutrimento all'uomo con la loro opera. La naturalezza dell'esistenza è una lezione costante che non sempre siamo disposti ad accettare, noi che viviamo in città, così occupati ad accumulare potere, titoli e fama.

Dopo aver attraversato le fertili terre di Arzúa, sono giunto a Lavacolla. Il luogo è citato nel *Codex Calistinus* come quello in cui, secondo quanto dice Aymeric Picaud, i pellegrini si lavavano da capo a piedi nel fiume per poter entrare puliti nella città dell'Apostolo. Si trattava dunque di un bagno che, al di là di ragioni puramente igieniche, acquistava una sorta di sacralità. Il pellegrino lavava via le impurità della propria vita perché sapeva di essere sul punto di arrivare alla meta tanto desiderata e sofferta. I tempi sono cambiati. Oggi un aeroporto occupa terreni un tempo calcati dai pellegrini. Arrivando, ho osservato con un brivido il decollo di un maestoso uccello di metallo che in pochi secondi si è alzato in volo, sparendo all'orizzonte. L'uomo è capace di aprire cammini anche nell'aria. L'uomo al servizio del bene si trasforma nel capolavoro della creazione. Benedetto sia il progresso se ci porta a gettare ponti di solidarietà. Di certo quei pellegrini di un tempo non avrebbero potuto nemmeno immaginare ciò che io oggi ho potuto constatare con i miei occhi: che ai confini della terra, alla casa di san Giacomo, si può arrivare solcando i cieli.

Nel paese di Lavacolla ho deciso di fermarmi. Santiago è a un passo, a non più di due ore di marcia, ma preferisco aspettare, preparandomi a dare compimento al mio sogno. Voglio riposare, riflettere e pregare. Una donna molto cortese mi ha detto che si può dormire in una cappella nei pressi di un querceto, vicino alla strada. Lei stessa me ne ha offerto la chiave. Ho accettato con quel sentimento di riconoscenza tipico di chi non ha niente e gli si offre un tesoro, ma anche con molto rispetto, giacché si tratta di un luogo sacro che nel tempo sarà sicuramente stato uno spazio di preghiera. La pala d'altare era davvero malridotta. Alcuni santi mi guardavano curiosi e sorpresi. Sulle assi del pavimento ho steso il materassino e sopra il sacco a pelo, amato compagno di cammino, testimone dei miei sogni e dei miei dolori. Poco dopo ho ricevuto una visita davvero gradita. Carlos e Ricardo, i pellegrini di Toledo, avevano deciso di passare la notte nella stessa cappella dopo il grande sforzo di questa penultima tappa, compiuto per recuperare il terreno perso nei giorni scorsi a causa della tendinite di Carlos.

Insieme abbiamo passeggiato per il paese. Quando la coperta della notte si è distesa sulla volta celeste, dopo aver condiviso la cena abbiamo fatto ritorno. Domani ci aspetta Santiago, ho pensato, e queste sono parole grosse per un pellegrino con tanti chilometri sulle spalle. Mentre loro entravano, io mi sono allontanato un po', verso l'aperta campagna, per contemplare gli astri che brillavano sul manto della notte, quasi a volerci avvertire che "il cammino delle stelle" arrivava alla fine. Ricordo che da bambino avevo l'abitudine di salire su un monte vicino a casa per poter contemplare la nitida sinfonia della notte popolata di stelle. Esse sono sempre state lì, testimoni silenti dei miei sogni, delle mie paure, dei miei progetti e delle mie illusioni. Vegliano i nostri sogni con una quiete invidiabile, possono popolare e vigilare le nostre notti personali con il loro lieve chiarore. Tuttavia, non sono che il pallido riflesso di una luce maggiore, sono figlie del grande sole, signore del giorno. Ricevono la luce solare e la trasformano in tenue bellezza. Ma ci sono anche alcune stelle ribelli che si sono vestite di luce propria. Così è la nostra vita, una tenue luce che è il riflesso di una luce maggiore. E tutte quelle persone che hanno avuto il coraggio di vivere dal profondo del cuore sono quelle stelle ribelli che si sono trasformate loro stesse in luce, emulando il bagliore del sole. Il sole…

Santiago è molto vicina, a portata di mano, a una manciata di chilometri. Chiudo gli occhi e affiora il silenzio della notte. Una lieve brezza umida, il concerto notturno che inizia con un'infinità di strani suoni, alcuni conosciuti, altri inaspettatamente belli. Non penso, la ragione già riposa. Adesso sogno perché è bello sognare. Sogno la pace, sogno tutti i pellegrini della storia che hanno portato a termine, realmente o nell'immaginazione, questa via millenaria. Penso ai miei cari, alle amabili presenze che danno un senso alla mia vita. E forse il mio pensiero è già una preghiera nascente che non necessita della ragione, figlia dell'intelletto. Con tutto ciò – lo riconosco – mi dà un'enorme soddisfazione sapere che ci sono riuscito, che sono sul punto di coronare il mio cammino. Una campana suona lontano, e un eco profondo emerge dalla terra. L'universo intero nel suo ordine naturale sembra sussurrare parole.

Ricordo una vecchia leggenda che mia madre mi raccontava da piccolo. Parlava dell'esistenza umana come di una lotta costante tra il bene e il male. Di come il bene soccombeva davanti al feroce attacco del male, finché la morte vinceva ogni tipo di resistenza. Il racconto si concludeva in modo sorprendente. La vita tornava a rinascere ogni volta che il male sembrava trionfare. Il bene risorgeva di continuo come un sole splendente. L'ultima parola spettava alla vita: «L'amore vince sempre». Queste parole provenivano dalle labbra di una bella donna vestita di bianco che diceva di essere la madre della vita. La speranza non si dà mai per vinta. Il bene è più forte del male, la vita più forte della morte, anche se per constatarlo bisogna aspettare. C'è in noi qualcosa che vince ogni male, una forza interiore che tenacemente ci invita a proseguire fino alla vittoria su tutto ciò che tenta di disumanizzarci. La vita, l'amore, la spuntano sempre.

Quando sono rientrato nella cappella, i miei fratelli pellegrini dormivano. Immagino lo sforzo che deve essergli costato realizzare quest'impresa, soprattutto a Carlos, uomo non vedente che vede con il cuore. Svegliatomi nel cuore della notte, l'ho visto seduto sul sacco a pelo. Preoccupato, gli ho chiesto se andava tutto bene. Mi ha chiesto l'ora: era così ansioso di arrivare a Santiago che la stessa emozione gli impediva di dormire, come alla vigilia di un grande giorno, di un evento fondamentale per la propria vita. In questo pellegrino coraggioso e di grande forza interiore rivivono tutti i pellegrini della storia, perché lo stesso spirito di un tempo continua oggi a muovere cuori portando avanti un'impresa, una pazzia, una sfida. «Manca poco, Carlos, riposa; oggi saremo a Santiago». Mai parole così semplici, nel pronunciarle, mi avevano provocato un'emozione tanto intensa: «Oggi saremo a Santiago», alle porte di un sogno.

da Lavacolla a Santiago de Compostela (10 km)

IL MIRACOLO DELLA PIETRA

«*Non impiegate altro che l'amore, così potrete sottomettere il mondo intero. L'umanità piena d'amore è una forza terribile*» (Fëdor Dostoevskij)

Albeggia di nuovo. L'impulso del cuore ci porta ad alzarci spontaneamente perché la vita bussa alla nostra porta. È arrivato il momento cruciale. Un po' di latte caldo con del pane, e via, di nuovo in cammino. Il pellegrino sa che la meta è molto vicina.

Il primo momento emozionante è stato l'arrivo al Monte do Gozo (il Monxoi del XII secolo, il Monte della Gioia). Raggiunta questa altura, è possibile scorgere in lontananza la sagoma delle torri della cattedrale di Santiago, che fino a quel momento erano solo immagini lontane di un anelito profondo. Per i pellegrini medievali questo era un luogo carico di simbolismo che li portava a provare un'autentica gioia. Anche la tradizione racconta che i pellegrini, raggruppatisi lungo la via per far fronte insieme ai pericoli del cammino, all'avvicinarsi di questo monte cominciavano a correre, e il primo che intravedeva le torri era incoronato "re" del pellegrinaggio, tra le lacrime di gioia. Delle enormi sculture in bronzo rappresentanti due pellegrini medievali fanno memoria di questa tradizione e rendono omaggio a coloro che hanno rischiato la vita stessa per trasformare un sogno in realtà.

Sul monte un imponente monumento si erge in omaggio ai pellegrini della storia, rappresentati da tre figure: san Francesco d'Assisi (al quale adesso mi sento spiritualmente legato), Giovanni Paolo II (che qui si riunì con una moltitudine di giovani) e, ovviamente, san Giacomo Apostolo. Lungo la discesa mi sono imbattuto nella cappella dedicata a san Marco, simile a quella che ci ha dato riparo durante la notte a Lavacolla. È povera e austera, raccolta e intima, adatta per il pellegrino che desideri riposare alcuni istanti, giusto prima di entrare in città. La porta aperta invitava a entrare, e le pareti bianche erano come un abbraccio che accoglie e sostiene il pellegrino sfiancato nelle sue forze, ma saldo nelle sue speranze. Di lì a poco è entrato anche un gruppo di persone. Un uomo con una semplice croce sul petto si è presentato come un sacerdote in visita a Santiago con alcuni parrocchiani. Avevano deciso di celebrare l'eucaristia proprio lì, vicino al Cammino, nella semplicità di quell'edificio. Me lo ha detto quasi come a chiedermi il permesso, temendo di disturbare il mio silenzio. Chiaramente gli ho detto che per me non c'erano problemi. E lui mi ha sorriso. Ha aggiunto che se volevo restare potevo raccontare al gruppo la mia esperienza sul Cammino. Mi sono sentito strano, chiamato in gioco, stimato. Era la prima volta che condividevo l'eucaristia dopo molti anni. Ed era il momento giusto, nel posto giusto.

Dopo aver riassunto la mia esperienza sul Cammino e aver condiviso con quelle persone tutti i valori di cui ero riuscito a riappropriarmi lungo la via, finita la celebrazione sono rimasto un momento a parlare da solo con Antonio, così si chiamava il sacerdote; un uomo di buone maniere, amabile, semplice e convinto della sua fede cristiana. Sono stati momenti piacevoli in cui abbiamo condiviso le nostre speranze. In qualche modo è stato la mia ultima "amabile presenza" del Cammino, appena prima di entrare a Compostela. Dopo aver dialogato di umano e divino gli ho chiesto di benedirmi. Lui lo ha fatto con parole che mi ha detto essere conosciute come "la benedizione di san Francesco", mi ha incoraggiato a proseguire il mio cammino dopo la visita della città, e come gesto di solidarietà mi ha messo al collo la croce che portava sul petto. Mi ha pregato, infine, una volta nella cattedrale, di rivolgere un pensiero a tutte quelle persone "rotte" dalla vita. Così ho fatto, e così continuerò a fare fin dove al mio cuore sarà possibile.

Sono sceso quindi verso la città tanto desiderata, che secondo un autore del posto è «una città due volte sacra, dove potrai sentire presente la trascendenza e gioire di pure creazioni artistiche» (Filgueira Valverde). Camminavo assorto, come a volermi rifugiare nel cuore per impedire che il rumore e il chiasso cittadino spezzassero la magia di quegli attimi: gli ultimi tre chilometri. Dopo il quartiere di San Lázaro mi sono addentrato nella rúa de "Os Concheiros" (da *concha*, conchiglia); secondo la tradizione, infatti, questo era il luogo dove prendevano posto i commercianti della città per vendere uno dei simboli giacobei per eccellenza, la conchiglia di capasanta che, alla maniera dell'alloro trionfale dell'età classica, certificava il trionfo del pellegrino medievale che concludeva con successo la sua maratona.

Proseguendo, ho iniziato a scendere per la rúa de San Pedro, che è come il corso di un fiume dal quale basta lasciarsi trasportare per sbucare praticamente davanti al tempio dell'Apostolo, che si scorge ogni volta più vicino. Mi sono lasciato alle spalle un *cruceiro*, semplice testimone in pietra della trascendenza. All'altezza della chiesa parrocchiale sorge l'antico monastero di San Pedro, un tempo ricovero per i pellegrini. Questa via tranquilla giunge alla Porta del Cammino, via d'accesso del Cammino francese alla cinta muraria medievale che oggi non esiste più. Una volta erano mura difensive, oggi è tempo di solidarietà e apertura. Salendo nuovamente per la calle de las Casas Reales ho lasciato che il mio sguardo si fondesse con le lastre di pietra del suolo, calpestate da tanti pellegrini prima di me e per questo avvolte da un non so che di sacro.

Questa lieve ascesa si conclude in plaza de Cervantes, presidiata al centro da una fontana. Qui, sopra una colonna, un busto dell'insigne letterato osserva l'arrivo dei pellegrini e il transitare dei compostelani. Parlare di Cervantes è associarlo immediatamente al suo immortale personaggio, don Chisciotte della Mancia. È che tutti, anche i pellegrini, abbiamo un qualcosa di "donchisciottesco", un qualcosa dell'avventuriero irredento. Se così non fosse, sarebbe come se la nostra anima dormisse. Il pellegrino è un Chisciotte del Cammino, un folle assennato che ha il coraggio di vivere in modo diverso, alternativo. Da questa piazza non restano che discesa, sollievo e gioia emotiva. Il cuore sa che, girando l'angolo, si produrrà l'incontro desiderato. Per un istante mi è sopraggiunta una specie di ansia controllata, un anelito profondo. Non potevo più resistere al coronamento della meta, all'alloro del trionfo ottenuto a costo di grandi sforzi e non poca sofferenza.

La calle de la Azabachería si fa piuttosto ripida in discesa, guidando il pellegrino come il letto sicuro di un fiume sempre più impetuoso e inarrestabile in cerca del mare immenso. Sotto l'Arco de Palacio, che in questi momenti si trasforma in un vero arco di trionfo, il cuore si gonfia nella contemplazione di uno spazio che subito mi è risultato profondamente bello: il mare di pietra della Piazza dell'Obradoiro, anticamera artistica del Portico della Gloria. Questo luogo è culla di culture, punto d'incontro tra turisti, compostelani e pellegrini, grande piazza del popolo universale che coniuga l'essenza di ciò che è autoctono con la pluralità di ciò che è straniero. Ecco il chilometro zero del Cammino, di tutti i cammini, della terra e dello spirito, che forse sono la stessa cosa. Un autore del luogo scrisse che «quanto esiste in Compostela o è puro spirito o è stimolo allo spirituale» (Fernández Flórez). Qui riposano il corpo stanco e l'anima speranzosa, che avverte una strana emozione nel contemplare le prodezze della pietra delle torri della cattedrale, che nel loro moto ascensionale ti obbligano a guardare verso il cielo proiettandoti verso l'infinito.

Non ho potuto reprimerlo. Come un bambino appena nato mi sono messo a piangere, non so se per puro sentimentalismo o per ragioni più profonde. Il fatto è che la magnificenza delle torri dominanti questo mare di pietra mi ha introdotto in un mondo di sensazioni difficili da tradurre a parole. Questa piazza deve il suo nome a un aspetto storico. "Obradoiro" è un luogo dove si lavora, e al lavoro si misero i valorosi tagliapietre che, a colpi di mazza e scalpello, costruirono con le proprie mani un miracolo, modellando forme nella pietra ed elevando un monumento alla speranza; speranza che, esattamente come queste torri snelle e pietrose, si mantiene sempre alta nei cuori.

Ha cominciato a piovere, un chiaro invito dal cielo a ripararmi. Era arrivato il momento, e l'inerzia del cuore obbligava a fare il passo decisivo. La cattedrale è il vero *albergue* del pellegrino, la casa madre che accoglie l'intero essere. Salire sulla scalinata barocca è come l'ultimo scoglio da superare prima di giungere alla meta del Cammino. Mi sono trattenuto un attimo davanti alle porte e, chiusi gli occhi, il sogno già non era più sogno, era un'emozione percepita, intima. Avevo bisogno di rinnovarmi interiormente, mi stava accadendo qualcosa di grande. Attraversata la soglia, ecco affacciarsi un fine senso di bellezza nel contemplare *in situ* il Portico della Gloria, opera somma del romanico, poema in pietra che sotto la forma litica è animato da uno spirito che fa sì che le figure parlino tra loro, e in qualche modo che sembrino addirittura voler parlare con te.

Al centro del timpano centrale campeggia Cristo risorto, il *Pantocrator* romanico, che con uno sguardo sereno sembra darti il benvenuto a questa nuova vita nello spirito. Ho posato la mia mano sulle forme marmoree del montante divisorio, la colonna centrale. In silenzio, con gli occhi chiusi e il cuore assorto, ho pregato senza parole. Poi, poco a poco, mi sono immerso nel mare di volte della navata centrale fino ad arrivare alla cripta nella quale si venerano resti umani che hanno determinato una svolta nel modo di comprendere l'esistenza. Anche lì ho chiuso gli occhi, lasciandomi trasportare da un sentimento d'amore verso tutto il creato, e di profonda riconoscenza. Ho concluso il mio improvvisato rituale con il tradizionale abbraccio all'Apostolo, un'immagine in pietra a mezzo busto di Giacomo Zebedeo, uno dei discepoli di Gesù che, come lui, dedicò la sua vita alla causa della pace e dell'amore universale.

Ho preso posto su una delle panche, guardando verso il baldacchino centrale. Ho ritrovato alcuni volti conosciuti. La gioia di vedersi a Santiago è molto speciale per i pellegrini. Dopo alcuni istanti assorto nei ricordi, è iniziata l'eucaristia. Mi sono lasciato condurre dalla parola, strumento capace di orientare il nostro bisogno di aprirci alla trascendenza. Il *botafumeiro*, un gigantesco turibolo che vola leggero spinto da otto *tiraboleiros*, al di là dello spettacolo mi ha fornito una nuova occasione per ascendere verso il trascendente. Il fumo profumato si spandeva per tutta la chiesa e saliva, cercando di oltrepassare la stessa cupola. Così, l'essere umano in ricerca è capace di elevarsi al di sopra delle proprie difficoltà. La parola, ancora una volta, non arriva ad abbracciare ciò che le emozioni e l'intuizione percepiscono già come un'autentica certezza, come una saggezza di vita.

Compostela è il cuore, le strade le sue vene, il suo sangue le genti venute da tutto il mondo. Il centro storico, la *almendra* (mandorla, per la sua forma se visto dall'alto), è un piccolo miracolo della pietra che qui si fece arte e poesia, è un mare pietroso sul quale naviga la pioggia stessa, e sulla pioggia (che qui dicono sia arte e che è la cittadina più illustre) navigano i passanti: quelli di qui, con la loro dolce parlata gagliega, e quelli di ogni dove, con le loro lingue e le loro etnie. Compostela è universale, una piacevole Babele nella quale è possibile l'incontro, cercato o fortuito, con Dio, che abita anche tra le vie sotto la pioggia, nella pietra: perché questa è una città che guarda al cielo, un cielo che spesso è grigio e che invita alla contemplazione.

Chiudi gli occhi e sogna. Contempla le stelle, se le nubi sono generose, e lascia che ti abbracci l'incanto di un luogo, un bosco che si è trasformato in una casa per generazioni di uomini. Compostela è un monumento forgiato dalla storia, un miracolo della pietra fattasi arte che la spiritualità rese possibile. La fede generò un mito che perdura nel tempo e che si fa incomparabile esperienza del cuore: l'esperienza di coloro che per un istante della vita dirigono i loro passi, i loro cuori, verso questo luogo ai confini della Terra, al limite tra la creatura finita e l'eterno. «Compostela, tu hai, forse, il raro privilegio di possedere il segreto dell'unica verità» (García Martí).

Nel rigoglioso giardino di pietra sigillata
dal certificato del tempo che passa
si erge la pietra,
quasi come per miracolo,
nel luogo stesso dove fiorì la terra
impregnata di verdi armonie,
sfidando tutte le bellezze
con le sue forme delicatamente belle.

Nella notte del Medioevo,
in una notte leggendaria
e di certo miracolosa,
una stella delineò nel cielo
un lungo cammino
verso occidente
e, al tempo stesso,
una rinnovata storia
di perpetua solidarietà
tra i popoli d'Europa
in cerca dell'agognata felicità.

E dalla notte ricamata di stelle,
la Via Lattea è testimone silente
ed eloquente a un tempo,
del camminare cadenzato
che quasi non si sente
su un sentiero inciso nel cuore.

E intanto la luna giocherellona corteggia
nelle notti chiare
la città rannicchiata
su se stessa,
che si culla serena
alle tenue luci brune
che vanno lasciando dietro di sé
la scia delle ombre,
che qui si fanno belle
e ti accompagnano sincere
illuminando le impronte
del viandante che si addentra
nelle sue vie raccolte
e misteriose.

Compostela si erge armoniosa
dilettando i sensi
mentre la cattedrale impetuosa
lancia le sue torri a toccare i cieli tutti,
e facendo sgorgare un torrente di vita.

E i santi di pietra
si divertono in questo paradiso musicale
che emette i suoi suoni
da un portico animato
da forme e voci,
mentre nel coro della cattedrale
si odono i suoni degli antichi latini
che abbelliscono la pietra.

Intanto, il "botafumeiro" riposa
addormentato nel museo della cattedrale,
fin quando arriva il tempo della funzione,
dominando l'aria della chiesa

con il suo dondolio fugace,
mentre l'aroma dell'incenso
va ubriacando i sensi
di chi si sente innalzato
verso il più eccelso cielo
che qui ha la sua anticamera.

Tutto ciò si materializza
in questa città incantata,
regno dei sogni,
laddove adesso,
come sovente avviene, cade la pioggia,
l'eterna pioggia compostelana,
a nutrire i nostri migliori desideri.

E tu, pellegrino,
non te ne andrai
perché la tua traccia
permarrà scolpita
nel montante del portico
che ti ha visto arrivare,
che ti vede partire.
Per sempre tu sarai
cittadino del paradiso,
un abitante in più,
figlio dell'eternità
che qui, per dono divino,
si fa realtà.

È il miracolo della pietra.

LA VITA È UN CAMMINO

Quando le forze dell'universo si alleano, quelle della negatività fuggono spaurite. L'essere umano aperto all'esistenza, pulsando al ritmo del grande cuore universale, spinto dall'anima del mondo, è un torrente in crescita che da ruscello diventa fiume, e poi sgorga nell'oceano immenso che chiamiamo Dio. È proprio dell'uomo camminare, uscire da sé, aprirsi alla trascendenza, avere il coraggio di rompere con la schiavitù per camminare libero verso un orizzonte di speranza. Ma per fare ciò la forza di volontà deve rimanere vigile, lasciandosi poi portare dall'inerzia stessa della creazione che, a suo modo, va scolpendo la tua anima, la tua vita, trasformandoti così profondamente che non sei già più ciò che eri. In te rinasce la vita, sei un essere nuovo, splendente, umile, figlio della verità.

Non mi sarei mai immaginato un finale così. Sapevo che arrivando a Santiago – se ci fossi arrivato – avrei sentito la personale soddisfazione di aver portato a termine un'impresa, perché il cammino era prima di tutto una sfida personale, una prova di resistenza per il mio corpo e il mio spirito. Passo dopo passo ho scoperto un universo di nuove sensazioni, o per lo meno mai avvertite con tanta intensità. Il fatto stesso di camminare si è trasformato in un compito quotidiano; tuttavia, al di là del semplice spostarsi, ho scoperto che c'è un cammino che discende fin nel più intimo di noi stessi, proprio dove nascono la prova, la tentazione e la lotta. Camminando fuori, mi sono scoperto pellegrino dentro, verso il mio bosco della gioia personale, un luogo naturale di gioie e di lacrime al centro del mio essere.

Dietro di me restano esperienze indimenticabili, ma soprattutto incontri profondi, persone amabili, amichevoli, ciascuna dotata di una luce quasi divina. Uomini a donne come me, cercatori della verità, bisognosi di dare un senso al nostro essere mortali e alla sete di pienezza, pellegrini che cercano di risolvere il grande enigma della vita. Per alcuni la ragione suprema è Dio. Altri la intuiscono soltanto, e continuano a cercare: tutti continuiamo a cercare. Esiste un ordine naturale, un battito universale che ci fa sentire fratelli nella sofferenza e nella speranza.

Oggi torno a casa, dalle persone che amo e che non ho mai dimenticato. Non so come potrò manifestare il mio cambiamento interiore, la mia evoluzione di questi giorni. L'esperienza del cuore è inspiegabile a parole. Forse può essere utile fare un invito: cammina, cammina, tu, cammina nella tua vita, non smettere di camminare con la forza di volontà e la ribellione dell'uomo insoddisfatto di sé che desidera godere della pienezza di Dio. Adesso capisco che Santiago de Compostela non è una meta ma l'inizio di un cammino, uno stimolo ad alzare lo sguardo prostrato verso il cielo seminato di stelle, e aspettare l'aurora.

Chiudo gli occhi e mi lascio trasportare dal rumore del silenzio. Sento come il fluire interiore di una sorgente d'acqua pura e cristallina che sazia la sete della mia anima. Non ci sono immagini, ma solo la coscienza e la certezza di essere un piccolo frammento di vita nel cuore di un universo incontenibile. La brezza della notte mi avvolge e mi rinfresca le tempie, e sento una voce che mi dice: «Oggi nasci di nuovo, incontro alla vita…».

Appunti di viaggio

Appunti di viaggio

Appunti di viaggio